「聖なるもの」の価値の復権

# 宗教学者から観た「幸福の科学」

大川隆法
Ryuho Okawa

# まえがき

現代日本を代表する三人の宗教学者、島薗進《しまぞのすすむ》先生、山折哲雄《やまおりてつお》先生、井上順孝《いのうえのぶたか》先生、お三方の守護霊をお呼びして、宗教としての「幸福の科学」に対する本音を語って頂き、また同時に、様々なアドバイスを頂いた。

宗教学者自らが霊言体験《れいげんたいけん》をすることになるので、日本では前例のない形だろう。それぞれのお立場はおありだろうが、お三方とも宗教については肯定的で、幸福の科学についても過去三十年近くじっくりと観察されてきた様子がよくわかる。

私どもの危惧《きぐ》は、霊界の存在証明のために出し続けている霊言集が、「学問性がない」とか「カルト性がある」とか、一般の学者に判定されることだった。しかし、彼らは、さすがにプロフェッショナルで、霊言現象が事実でなかったら、世界中の宗教が嘘になる可能性を見抜いておられた。世の中を啓蒙する一書として本書を緊急出版する次第《しだい》である。

二〇一四年　九月六日

幸福《こうふく》の科学《かがく》グループ創始者兼総裁《そうししゃけんそうさい》
幸福《こうふく》の科学大学創立者《かがくだいがくそうりつしゃ》　大川隆法《おおかわりゅうほう》

# 宗教学者から観た「幸福の科学」　目次

## 第1章　島薗進《しまぞのすすむ》氏守護霊《しゅごれい》から観《み》た幸福の科学

二〇一四年九月六日　収録
東京都・幸福の科学　教祖殿《きょうそでん》　大悟館《たいごかん》にて

## 第2章　山折哲雄《やまおりてつお》氏守護霊から観た幸福の科学

二〇一四年九月六日　収録
東京都・幸福の科学　教祖殿　大悟館にて

# 第3章 井上順孝《いのうえのぶたか》氏守護霊から観た幸福の科学

二〇一四年九月六日 収録
東京都・幸福の科学 教祖殿 大悟館にて

「霊言現象《れいげん》」とは、あの世の霊存在の言葉を語り下ろす現象のことをいう。これは高度な悟《さと》りを開いた者に特有のものであり、「霊媒現象《れいばい》」(トランス状態になって意識を失い、霊が一方的にしゃべる現象)とは異なる。外国人霊の霊言の場合には、霊言現象を行う者の言語中枢《ちゅうすう》から、必要な言葉を選び出し、日本語で語ることも可能である。

また、人間の魂《たましい》は原則として六人のグループからなり、あの世に残っている「魂の兄弟」の一人が守護霊《しゅごれい》を務めている。つまり、守護霊は、実は自分自身の魂の一部である。したがって、「守護霊の霊言」とは、いわば本人の潜在《せんざい》意識にアクセスしたものであり、その内容は、その人が潜在意識で考えていること(本心)と考えてよい。

なお、「霊言」は、あくまでも霊人の意見であり、幸福の科学グループとしての見解と矛盾《むじゅん》する内容を含《ふく》む場合がある点、付記しておきたい。

# 第1章

# 島《しま》薗《ぞの》進《すすむ》氏守《しゅ》護《ご》霊《れい》から観《み》た
# 幸福の科学

二〇一四年九月六日　収録
東京都・幸福の科学　教《きょう》祖《そ》殿《でん》　大《たい》悟《ご》館《かん》にて

島薗進《しまぞのすすむ》（一九四八～）

日本の宗教学者。東京都出身。一九七二年、東京大学文学部宗教学宗教史学科卒業。現在、東京大学名誉《めいよ》教授、上智《じょうち》大学神学《しんがく》部特任教授・グリーフケア研究所所長。専攻《せんこう》は近代日本宗教史、宗教理論研究。主な著書に『国家神道《しんとう》と日本人』『現代宗教とスピリチュアリティ』『日本仏教の社会倫理《りんり》』などがある。

質問者　※質問順

小林早賢《こばやしそうけん》（幸福の科学広報・危機管理担当副理事長 兼《けん》 幸福の科学大学名誉顧問《めいよこもん》）

里村英一《さとむらえいいち》（幸福の科学専務理事〔広報・マーケティング企画《きかく》担当〕）

［役職は収録時点のもの］

## 1　幸福の科学大学認可の最終審査《しんさ》に当たり、日本を代表する宗教学者の意見を訊《き》く

大川隆法　昨日《さくじつ》、九月五日の段階で、幸福の科学大学の設立準備室から、文科省に対して最終に近いと思われる申請《しんせい》をしました。そのため、今後、審議会《しんぎかい》等において、いろいろと最終審査が行われるでしょう。

「十五人ほど審議委員がいる」ということですが、必ずしも宗教に詳《くわ》しい人ばかりではないと思います。そういう意味で、ブレがあるかもしれませんし、偏見《へんけん》もあるかもしれません。宗教関係の大学の方もいますが、宗教と会派が違《ちが》いますので、独特の偏見を持っているかもしれません。

おそらく、最終審査といっても、「現在、幸福の科学という新しい宗教団体が、幸福の科学学園として中学・高校を運営するところまでは認めているが、大学まで認め

た場合、社会的に容認されるかどうか」という判断になるでしょう。これが最終的にいちばん重い判断だと思います。

その意味では、私たちからは言いにくいことですが、「幸福の科学のカルト判断・診断《しんだん》」であると思うのです。その場合、十五人の審議委員よりも、日本を代表する宗教学者の意見のほうが、ある程度、重要でしょうし、私たちの勉強にもなるので、参考までに「幸福の科学をどのように見ているのか」を訊《き》いてみたいと思います。

ただ、個人的な誹謗中傷《ひぼうちゅうしょう》や名誉毀損《めいよきそん》に当たるようなことは言いたくありませんし、彼らに連帯責任を負わせるつもりで霊言《れいげん》をさせることは気の毒すぎるので、「客観的に、公平に、学者としてどう思っているのか」について述べていただければと思います。

やはり、本人に直接訊いても社交辞令がありますし、この世でのスタンスもありますので、必ずしも本音で語るとは限りません。文科省が彼らに問い合わせたところで、本音で語るかどうかは分かりませんし、そこそこの答えしか出ないでしょう。

しかし、今日は、潜在《せんざい》意識である「守護霊《しゅごれい》」へのインタビューになりますので、本音が出ると思います。これは表面意識で自覚している自分の考えと、八十パーセントぐらいは合っていることが普通《ふつう》です。なかには、全部、合っているという人もいますが、本音がどのあたりにあるかを訊き出してみましょう。

霊言の内容は、必ずしも当会に有利なことばかりではないかもしれません。ただ、審議委員の全員が宗教のプロではないので、私たちのほうでも、参考意見として、このような霊言を多少は録《と》ってもいいのではないかと思います。

霊言に関して、私はできるだけ主観を加えないようにしたいと考えています。質問者のみなさんはインタビューのプロでしょうから、上手に進めてくだされば幸いです。

では、時間もありませんので招きます。

一番手としましては、宗教学者で東大名誉教授、そして、上智《じょうち》大学特任教授でもあられます島薗進《しまぞのすすむ》先生の守護霊にお出《い》でいただきたいと思います。

（手を一回叩《たた》く）

島薗進先生の守護霊よ。

どうか、幸福の科学　教祖殿《きょうそでん》に降りたまいて、われらに、今、幸福の科学について考えておられること、見ておられるところについてお教えください。

あるいは、他の宗教と十把《じっぱ》一絡《ひとから》げにしてしまって、よく分からない方々の迷妄《めいもう》を啓《ひら》くべく、客観的な宗教学者としてのご意見等を述べてくだされば幸いです。

島薗進先生の守護霊よ。

どうぞ、幸福の科学　教祖殿に降りたまいて、そのご意見を述べたまえ。

（約五秒間の沈黙《ちんもく》）

## 2　大川隆法に会って直接感じた、他の宗教家との「違《ちが》い」

### 宗教学者として「大川隆法」と直接会った経験がある

島薗進守護霊　ふっ……、ふあー。うーん、ここか……。来ましたか。

小林　島薗先生の守護霊様でいらっしゃいますか。本日は、お越《こ》しいただきまして、本当にありがとうございます。

島薗進守護霊　うん。でも、〝連帯保証人〟ではないと言われても、事実上、ちょっと近づいてくるよねえ。

里村　いやいや（笑）。

島薗進守護霊　ハハハハ……。私がトップですかあ。

小林　はい。やはり、日本を代表する宗教学者といえば、島薗先生かと思いますので。

島薗進守護霊　そうだねえ。まあ、「新宗教を専門にして、東大の教授になった」っていうのは初めてなので、そういう意味ではそうかもしれないけどねえ。

いや、君たちとも、今後、仕事上付き合いがないわけじゃないかもしれないので、そんなに本音が語れるかどうか、分かんないけどねえ。

小林　今日は、「宗教学者から観《み》た幸福の科学」というタイトルですが、そのトップバッターを島薗先生にお願いしました。

例えば、文科省の方々や大学の設置審議会《しんぎかい》の方々、他の先生方が経験していないこと、持っておられないことを島薗先生は持っています。その最たるものは、「島薗先生は、大川隆法総裁と直接お会いしたことがある」ということです。ここが圧倒《あっとう》的な違《ちが》いです（笑）。

島薗進守護霊　そう。まあ、二回は会ってるからね、少なくともね。

小林　いわゆる、伝聞や何かを読んだことによる判断ではなく、「何時間にもわたる会話をされ、実際に人となりを知った」というご経験をお持ちの稀有《けう》なる学者でいらっしゃいますので、たぶん、そこが客観性もあり、説得性もあるところだと……。

島薗進守護霊　といっても、まあ、幸福の科学もわりに早いころで、私がまだ髪《かみ》の毛がたっぷりあった時代だからねえ。

小林　いえいえ。

島薗進守護霊　助教授ぐらいの時代だったので、まあ、幸福の科学はまだ、そんなに強くも大きくもない時代ではあったからね。

小林　確かお会いされたのは、当時、総合本部があった紀尾井町《きおいちょう》ビルだったかと思います。一回はそうだったと思います。

最初に、そういう経験を踏《ふ》まえて、島薗先生から、「大川隆法総裁は、どういう方でいらっしゃるか」というあたりをレクチャーといいますか、語っていただけると分かりやすいかと思います。

島薗進守護霊　最初の段階は、かなり早いんですよ。西荻《にしおぎ》時代（教団の初期）に、もうインタビューに行っているので。宗教学者が三人ぐらいで行って、主として私が訊《き》いたし、それ以外でも、宗教学者が行くときに、私が行けなかった場合は、「こういうことを訊いてくれ」と頼《たの》んで訊いてもらったこともあるし、紀尾井町ビルでも確かにお会いしたことはあります。わりに、比較《ひかく》的初期だったんですけどね、最初に会ったのは。

いやあ、はっきり言って、ちょっと違う。いわゆる一般《いっぱん》の人が宗教を見る目とは、私は違ったので、かなり違うように見えましたねえ。違うっていうかねえ、東大の学生を多く教えてきましたからねえ。そういう目で、「あとの東大生も知っている」という目で見て、飛び抜《ぬ》けて異質な感じがしましたよ。はっきり言ってねえ。

## 宗教学者より宗教家の判断のほうが正しかった「オウム事件」

小林　その「飛び抜けて異質」というのは、例えば、どのあたりに感じておられるのでしょうか。

島薗進守護霊　うーん、頭がよすぎる。

小林　よすぎる？

島薗進守護霊　宗教家になる人で、こんなに頭のいい人はいないですよ。ちょっとよすぎるよ。

だから、私を今、調べてるけどねえ、本気でやれば、宗教学者のほうが〝解剖《かいぼう》〟される、たぶんね。私たちのほうが、逆に〝解剖されていく〟ぐらいなので。これが「腕《うで》の違い」と言やあね。こちらは〝解剖する〟のが仕事だけどね。宗教学者のほうは、宗教を〝解剖する〟のが仕事だけど、逆に、宗教学者の仕事を〝解剖されかねない〟ところがあったと思う。

それについては、実は、オウム真理教事件のところで明らかになっちゃったよね。大川さんが「（オウムは）間違ってる」っていう判断をしていて、宗教学者の多くがオウムを応援《おうえん》してたりしてて、幸福の科学に嫉妬《しっと》してる状況《じょうきょう》だったよね、客観的にはね。私はしてなかったけど、ほかの宗教学者たちは嫉妬してたわね、はっきり言って。

だから、幸福の科学には嫉妬して悪口《わるぐち》を言って、オウムには嫉妬しなかった。（オウムを）ほめ称《たた》えて、「これこそ本当の仏教だ」みたいに持ち上げていたので、九五年を境にして、宗教学界の評価がガタ落ちになったわね。そのガタ落ちは、あなたがたにも、ちょっとはマイナスの影響《えいきょう》が出たと思うけども、われわれも、ほんとに〝店をたたむ〟かどうか考えなきゃいけないほどの衝撃《しょうげき》ではあった（笑）。

だから、「宗教学者よりも、宗教家の判断のほうが正しかった」ということだね。古い人ならともかく、同時代に生きている者の判断が正しかったっていうのは、やっぱり厳しい。この業界に身を置く者として、宗教学に身を置く者としては、もう、どうしようもないというかね。

以後、私は、あんまり外には書かないことにしましたけどね。怖《こわ》いっていうか、何か書いて、「島薗はバカだなあ。勉強してないなあ」って言われる可能性がかなり高いので（笑）、あんまり触《ふ》れないようにしましたけどね。

## 「東大法学部出の開祖」であるため宗教学者から嫉妬《しっと》された

小林　重ねてご質問をして、たいへん恐縮《きょうしゅく》なのですが、「違いがある」と感じられた、その「違い」の部分が、おそらく、世の中の方々やアカデミズムの方々も、なかなか理解しにくいと思うんですけれども。

島薗進守護霊　ああ、そらそうだ。

小林　むしろ、宗教学者のほうが解剖されてしまうような、この「違い」の部分は、具体的にどういうところで感じましたか。どんなところから出てきているのですか。

島薗進守護霊　はっきり言ってねえ、宗教学っていうのは、学問としてあんまり人気がないもんでね（笑）。まあ、学者をやっているけども、なかでは、みんな細々《ほそぼそ》と行商でもやって生業《なりわい》を立ててるような、心細い感じはあるわけですね（笑）。表《おもて》の世界でガンガンやって、人がいっぱい集まってくるような学問ではないんでねえ。

だから、やっぱり、そういう意味では、「十分に知的に満たされてない」っていうか、「コンプレックス」とまで言ったら、みんなに迷惑《めいわく》がかかるから、言いすぎかもしれないけども、「学者として、宗教学者っていうのは一流じゃない」っていうような感じを全体的に持ってるところがあったんでね。

しかも、東大法学部出の開祖っていうのは、明治以来、もう百年以上、出たことがない。開祖っていうのは初めてなんですね。三代目ぐらいはいますけども、開祖っていうのは初めてなのでね。

そして、すっごい（頭が）切れるよねえ。切れるのは切れる。だから、嫉妬《しっと》されたところもあると思うんだけども。宗教学者からも、〝同業他宗〟からも嫉妬されたところはあるとは思う。

私なんかは、（幸福の科学を）擁護《ようご》するような発言をしたら、すぐ批判が返ってくる感じだったね。だから、「幸福の科学の教えに普遍《ふへん》性がある」とか言ったら、「どこに普遍性があるんだ。それはほめすぎだ」という感じの批判が来たりすることもあった。同業者のなかからも意見が出るので、めったなことを言えないところはあったんですけどね。

## 新宗教の分析《ぶんせき》レベルを超《こ》えている「幸福の科学」

島薗進守護霊　あと、私自身についても、複雑な面はあった。新宗教の研究をしてましたので、みんな、どこも小さかったし、怪《あや》しいものも多かったし、言ってることは、学問的に見りゃあ、でたらめなこともそうとう入ってたと思う。

最初は、その延長上で（幸福の科学も）分析《ぶんせき》できると見てたんだけど、やってるうちに、だんだんだんだん、大川総裁の勉強が進んでいくじゃない。だんだんだんだん手強《てごわ》くなっていくっていう感じかなあ。〝天守閣〟がだんだん高くなっていく感じがあった。〝忍者《にんじゃ》〟としてお堀《ほり》を渡《わた》って、上《のぼ》っていくのに、〝天守閣〟がだんだん高くなっていくから厳しいなあっていう感じはあったわねえ、はっきり言って。

こういうふうに、すごく勉強されてると思うんですけどね。「勉強してる人に霊能《れいのう》力《りょく》があって、神様が降りてくる」っていうのは、一般の新宗教の研究から見たら、あんまりないんですよ。

小林　はい。

島薗進守護霊　だから、ほんとに小学校中退や卒とか、あるいは、中学・高校中退や卒とか、家庭的な不幸があって勉強が十分にできてないとか、大病したあとに神の声が聞こえたとか、事業が倒産したあとに声が聞こえたとか、いろんな人生の挫折《ざせつ》のなかから出てきて、宗教家になるパターンが多くて、いわゆるインテリ相手に調査してる感じは、ほとんどなかったわね。

まあ、何代目かになれば、そういう場合もありますけども、「初代」ということではなかったしね。小さい宗教ばっかりでありましたので。

それと、一代のうちに大きくなるところを私も見てきたのでね。最初の西荻時代のあれですね。西荻窪《にしおぎくぼ》駅前の事務所があるでしょ？　地下事務所？

小林　はい。

島薗進守護霊　地下事務所でのインタビュー……、ああ、総裁室か（当時は主宰室《しゅさいしつ》）。総裁室のソファーでインタビューしたのでね。あのころは、まだ一万人前後ぐらいの会員数だったころだと思う。そのころに会った。次の紀尾井町のときには、もうちょっと大きくなってたと思いますけども。

でも、最初のころ、あなたがたは小さいと思ってたようだったけども、西荻の一万人前後の宗教団体のときでも、ほかの宗教の実体から見ると、実体で一万いるっていう新宗教は、ほんとに少ないし、一万人いたら十万人ぐらいを公称《こうしょう》してるものなので、十分なものだったんですけどね。

まあ、そういうふうに思ってない感じというか、「まだまだ出来上がってない」っていうふうに思ってるような感じを持ってたわね。

それと、法学部から来る宗教家は珍《めずら》しいから、その思考形態に、若干《じゃっかん》、違いがあるのでね。いわゆる〝宗教家になるタイプ〟とは思考形態が違うので難しいんです。

いやあ、最初は分析しようとして頑張《がんば》ってたんですけど、政治や経済とか、そちらのほうに口を出してこられたからね。宗教学者としては変なことを言うと、「間違ってる」とズバッと言われる可能性があるので。

（幸福の科学は）どんどん大きくなっていくし、国家レベルまで話が飛んでいくし、国際レベルまで行くでしょう？　こうなると、宗教学者としては、「もはや、まな板の上で解剖できるような状態ではない」っていうこっちゃな。こっちは国産の〝和《わ》金《きん》〟というか、日本製の金魚みたいなもんだからねえ。

## これまでは「ＧＬＡ」「生長《せいちょう》の家《いえ》」ぐらいが高学歴宗教だった

小林　ただ、そのへんの国際問題まで広がっていってしまうと……。

今日のインタビューの読者を想定しますと、「その手前のところで、すでに違いがあった」というあたりが、一つの明確なメッセージになるかと思いますが。

島薗進守護霊　だから、（大川隆法は）そういう教養人であることは間違いないし、高学歴なので勉強ができたことも間違いないし、学問的自信もそうとう持っておられることも間違いないけど、今までの例では、そういう人には神様が降りてきてないんだよ。だいたい、そうじゃない人っていうか、中身が素《す》の状態っていうか、空《から》っぽの状態のときによく入ってくる。要するに、心が純粋《じゅんすい》で澄《す》んでいるので入ってくる。

それまでの新宗教だと、高学歴宗教としては、ＧＬＡの高橋信次《たかはししんじ》がいるね。日大の工学部かなんかで勉強したね。卒業したかどうかは微妙《びみょう》でよく分かりません。まあ、そこで勉強したっていうあたりで、もうインテリです。小さな会社の経営をしてたけど、それでもインテリだった。

あとは、（生長《せいちょう》の家《いえ》の開祖）谷口雅春《たにぐちまさはる》ね。『生命《せいめい》の實相《じっそう》』を書いた谷口雅春は、早大の予科中退です。早大の予科にちょっとはいたっていうだけで、卒業してませんけども、このあたりはインテリ教団といわれていたんですよね。

そういう意味では突出《とっしゅつ》しすぎてる。上限がそのあたりだったんでね。普通は法学部なんかで勉強をガリガリしたような人だと、神様の声が聞こえたりするようなことはめったにあるようなもんじゃない。これが不思議だよね。

小林　その知性と霊能力の合体力のところが、それらと幸福の科学の圧倒的な違いだったわけですね。

## 霊言《れいげん》によって霊界《れいかい》の衆知《しゅうち》を集め「正しい宗教」を探究している

**島薗進守護霊**　それで疑ってる人もいるんだと思うんだよね。勉強をいっぱいしてるから、何でも語れるし、書けるんだろうと思ってる。「それなら、自分の名前で書いたらいいじゃないか」とね。

例えば、山本七平《やまもとしちへい》が、「イザヤ・ベンダサンっていうユダヤ人がいて、それの翻訳《ほんやく》をした」みたいなことを死ぬまで言ってたね。イザヤ・ベンダサンと山本七平が二人いたような言い方をして、途中《とちゅう》でみんなにバレてたけどね。翻訳してるふりをして、出してたじゃない。山本七平っていう名前にネームバリューがなかったので、ユダヤ人の発言を翻訳したものを、山本書店から出版すれば分からないからね（笑）。それで、最後まで、イザヤ・ベンダサンが言ったことにして書いてる。

まあ、あんなような調子で、「日蓮《にちれん》を騙《かた》ったり、天照《あまてらす》を騙ったり、仏陀《ぶっだ》を騙ったりしながら、自分の意見を述べてるだけじゃないか」と見ている人もいるだろうとは思う。たぶんね。

ただ、今回、「大学シリーズ」みたいなのを矢継《やつ》ぎ早《ばや》に出しておられるけど、自分の意見を出そうと思えば出せることを証明したようなものだと思う。やっぱり、「霊《れい》言《げん》を出してるのは、多様な意見と個性を表現してみたいということだろう」っていうのは分かるよね。大川隆法の本として出した場合は、「自分の考え」ということで、いちおう責任を取るつもりでしょうし、霊言集の場合は、その霊人《れいじん》の言葉として言うわけだ。

だから、今、「島薗（守護霊）の言葉として言え」ということだから、大川隆法さんはストレートにこのまま言う決意を持ってるかどうかは分からないけども、そういうかたちで、いろんなところから意見を取ろうとしてる。

まあ、教祖だから、あんまり外にも出ないし、勉強していることが多いんだろうけど、別な言葉で言えば、松下幸之助《まつしたこうのすけ》さんの「衆知《しゅうち》を集める経営」じゃないけど、いろんな人の意見を聴《き》いてやってるわけだね。（相手が）この世の人ではないだけで、霊界《れいかい》のいろんな人の衆知を集めてるというか、意見を聴いて、「正しい宗教とは何か」っていうのを探究しようとしていることが明らかに分かるよね。

## 3 「霊言《れいげん》」の真実性を「検証」し続ける姿勢を評価する

### 「霊言現象《れいげんげんしょう》」がなければ、世界の多くの宗教は成立しない

小林　今、「霊言《れいげん》の真実性」という、今日のメインテーマの一つに入ってきましたので、ずばりお訊《き》きしたいと思います。

われわれのほうに漏《も》れ伝わってきている情報によりますと、十年くらい前に、ちょっと、名前は挙げませんけれども、霊言絡《がら》みで議論が少しあったときに、「某《ぼう》大手新聞社あたりが、日本の宗教学者の第一人者である島薗進先生のところに伺《うかが》った」とかいう話があって、そこで、どうも、真面目《まじめ》な顔をして、島薗先生に、「大川氏の霊言というのは、本当にあるんですか。真実なんですか」みたいなことを（笑）……。

島薗進守護霊　（笑）

小林　非常にナイーブに訊いたというような話が漏れ伝わってきたのですが……。

島薗進守護霊　うん、うん。

小林　また、そのときのお答えの感じも、チラッとは伺っているような感じもあるのですが、そのへんを含《ふく》めて、要するに、「霊言について、どのようにお感じになっているのか」というところをお聞かせいただければと思います。

島薗進守護霊　いや、そらねえ、現象としてはありますよ。なかったら、そんなの、イスラム教だって成立してないし、ほかのたくさんの宗教も、地上から、みんな〝蒸発〟してしまいますから、「霊言型の宗教」は、やっぱりあります。

まあ、「啓示《けいじ》」と言う場合もあるけどね。それを「啓示型」と言うこともあるけれども、やっぱり、「神の声が聞こえる」、あるいは、「高級霊の声が聞こえる」っていうことがなかったらさあ、例えば、最近では、天理王命《てんりおうのみこと》の声が聞こえなかったら、天理教《てんりきょう》も成り立たないし、艮《うしとら》の金神《こんじん》の声が聞こえなければ、大本教《おおもときょう》もありえないしね。

でも、昔だって、ムハンマドが、アッラーの声が聞こえなかったら、やっぱり（イスラム教も）成り立たないし、イエスだって、主の言葉が聞こえたんだろうしさあ。モーセだって、ヤハウェか何かの声が聞こえたんだろうと思うよ。まあ、（誰《だれ》の声かを）特定できるかどうかは別として、聞こえたんだろうと思うからね。

それを、宗教学者として、いちおう学問的には、「無神論的・唯物論《ゆいぶつろん》的に、信じない立場で、客観的に資料分析《ぶんせき》をする」っていう手法はあるし、そういうふうな言い方はある。

特に、マックス・ミュラー的に、「言語学的に分析をする」っていう判断で、文献《ぶんけん》学《がく》的に詰《つ》めていくような作業をしてやる場合もあるけどね。

それで、厳密に言えば、「坂本龍馬《さかもとりょうま》の霊言のなかに、徳島《とくしま》弁が少し入ってる」とか（笑）、そういうふうなこともあるかもしれないけど、こんなのは、でも、証拠《しょうこ》にならないと思うんだよね。

つまり、（霊言を）言っている本人が、高知県《こうち》の隣《となり》の生まれだったら、そこの言葉が、それに混じるぐらいはあるからね。そんなことは、あるだろうから、そういうもので正邪《せいじゃ》を判断するのは、ちょっと問題だし、「枝葉末節《しようまっせつ》」だとは思うんだよね。

まあ、それは、自分が責任を取れないから、太鼓判《たいこばん》を押《お》せるわけじゃないけども、福永法源《ふくながほうげん》なんかが、「足裏診断《しんだん》」のマニュアルをゴーストライターに書かせて、そのゴーストライターが、「自分の足の裏は最高の形」として書いて出して、勝手に、なかでそれを売って商売しているような（笑）、こんなのとも全然違《ちが》うっていうのは、もう間違いないですねえ。

小林　そうですね。

## 幸福の科学に見られる宗教現象への学問的アプローチ

小林　そうしますと、そのときに、某大手新聞社が訊きに行ったとすれば、私などは、広報の仕事をしているので分かるのですが、おそらく、その趣旨《しゅし》は、「もし、これが偽物《にせもの》だったら、詐欺《さぎ》じゃないか。損害賠償《ばいしょう》の対象じゃないか」という、法律の立論をしようとしたのだろうと思うわけです。

それで、「先生にお会いしたあとに、頭をうなだれて、先生のもとから、すごすごと帰っていった」ということであれば、やはり、彼らは、先生のほうから、「この霊言というのは、真実性がある」という心証を得たので、すごすごと帰っていったのだと理解したのですけれども。

島薗進守護霊　いやあ、（大川隆法は）東大の法学部の卒業生だから、詐欺罪ぐらい知ってますよ。そんなのは知っててやってるから、それを商売でやるとは思えない。

そういう意味で、オウム真理教の麻原《あさはら》みたいに、偽薬局をつくって、ミカンの皮なんかを干したやつを、何だか、いかにも高級な薬みたいに売ってたみたいなところから始まった人とか、あるいは、阿《あ》含宗《ごんしゅう》の桐山靖雄《きりやませいゆう》みたいに、戦後、どさくさに紛《まぎ》れて、偽造《ぎぞう》ビールをつくって売っていて逮捕《たいほ》された人とか、こういう連中とは、もう、はっきり言って、人間としての教育や学問の基礎《きそ》の部分が全然違うので。

小林　ええ。

島薗進守護霊　彼らがやるようなことは、大川さんはしませんよ。するわけがないですよ。プライドにかけても絶対やらない。

小林　やはり、そのように、ご覧になったわけですね。

島薗進守護霊　うーん。絶対にならない。

もちろん、本人にも、百パーセントの確信があるかどうかは別としてね。まあ、それは、なかなか持てない面はあるかもしらんけど、それでも、百パーセントの確信を持てない場合でも、少なくとも、それを探究しようとする姿勢は残ってるわね。

例えば、過去世鑑定《かこぜかんてい》なんかがあったらね、多少、やっぱり、異論が出る場合があるじゃないですか。そういう場合は断定しないで、幾《いく》つか聞いて、〝三角測量〟って言うんですか？　霊のね。いろいろなかたちで、複数筋《すじ》から同じ結論が出るかどうか。意見がずれてる場合は、完全認定はしないで、「保留」というかたちにしてるじゃないですか。これは、極《きわ》めて学問的なアプローチで、宗教現象学の分析としては、学者でもいいようなアプローチの仕方をしてるんでね。

小林　そうですね。

里村　うん。

島薗進守護霊　自分のやつでも、完全に、百パーセント信じられないものについては断定していないので……。

小林　その意味では、「学問的にもオーソドックスな手法である」と。

島薗進守護霊　そう、そう、そう、そう、そう。そういう意味では、ほかの、古い大宗教ほど、「神様の声」っていったら、もう「疑ってはならない」で、そのまま、やってるじゃないですか。そういう検証がなされた形跡《けいせき》が何もないもんね。

だけど、それを今、たくさんやってるし、複数のいろいろな宗教の教祖とか、高級《こうきゅう》霊《れい》とかを出して、やることで、やっぱり、「検証をずっとし続けている」という印象は持ってますよ。

小林　ええ。

島薗進守護霊　この人（大川隆法）は、ずっと検証し続けている。ほかの人（霊人）が言うと、だんだんに矛盾《むじゅん》が出てくるからね。

小林　ええ、ええ。

## 4　オウム真理教と幸福の科学の〝エリート〟の違《ちが》い

### 幸福の科学がカルトではない明確な理由

小林　それで、これは、この霊言《れいげん》が本になったときの、読者向けの説明を兼《か》ねた質問になるのですが、先ほど、「対象が国際情勢あたりまでくると、私には……」と、謙《けん》遜《そん》されていましたが、多くの読者に知っていただきたいのが、島薗先生と、数多《あまた》いる宗教学者との違《ちが》いなのです。

それは、私のほうから見ていますと、ほかの「普通《ふつう》の」といいますか、たくさんいらっしゃる宗教学者の方々の対象としている宗教の範囲《はんい》というのが、いわゆる、今日の、この場で一つのテーマになっている「カルト」的な、そうした、小さなカルト的な宗教のところの領域のみを、「フィールドワーク」といいますか、「サーベイ（調査）」の対象にしている学者さんが非常に多いのですけれども……。

島薗進守護霊　うーん。

小林　島薗先生の場合は、そこから、もう少しエスタブリッシュされた、大きく確立された宗教のところまで、全部包含《ほうがん》して、その両方を見ながら、「それで、どういう宗教なんだ？」ということを見ることができて、ある程度、お分かりになるわけです。

したがって、「そうした立場で、島薗先生の場合は、コメントしてくださっているのだ」ということを読者に知っていただきたくて、ご質問申し上げたのですけれども。

島薗進守護霊　ああ、なるほど。いや、（幸福の科学を）「カルト」っていうのは、非常識な人の言い方だと思いますよ。やっぱり、勉強をしてない人の言い方でしょう。

まあ、宗教学を一般《いっぱん》の人が勉強してるとは思えないから、しかたがないですし、同業者にも、そのような人は一部いるかもしれないけども、「幸福の科学がカルト」っていうよりは、大川隆法さんは、最高裁の判事だってできるんじゃないの？　判事とか長官でも、別にできるんじゃないですか、今、やってることを見れば。国のあり方や法律のあり方まで判断して、「善悪の判断」をしてらっしゃるんでしょう。最高裁の判事だって、たぶんできる方だから、「その人がカルト宗教家か？」っていえば、それは違うでしょうねえ。その程度の判断力は、おそらく持っておられると思います。

小林　ええ。

## 「オウム」と「幸福の科学」の違《ちが》いはどこにあったのか

小林　そうしますと、先生はよくご存じのとおり、宗教というのは、基本的に、教祖の生き様《ざま》や後ろ姿を、フォロワーたち、信者たちがまねしていく。つまり、基本的に、「教祖の持っている遺伝子が、その教団のカルチャーになっていく」というのが、宗教の一般的なスタイルだと思いますので、「この教祖を、みなが尊崇《そんすう》している」というところから見れば、島薗先生としては、例えば、カルト的な社会問題を起こしたりとか、人を閉《と》じ込《こ》めたりとか、何だとか、いろいろありますが、そうした遺伝子や行動が、この教団に起きるはずがないと……。

島薗進守護霊　だから、ここがねえ、先ほどのオウム真理教のポイントでもあるんだけど、教祖は盲《もう》学校を卒業したんだかどうか、ちょっと怪《あや》しいけどね。盲学校で勉強してて、東大を目指したとか言っているが……。

まあ、私も理Ⅲに入ったんですけどね（苦笑）。親父にクビにされて……。

小林　はい。

島薗進守護霊　今の文学部にやられてね。学生運動をちょっとやってしまったのでね。

小林　ええ。大学入学は医学部専攻《せんこう》の東大理Ⅲで、そのあと、文学部のほうに転部された……。

島薗進守護霊　ええ。「東大医学部には、おまえは置けん」っていうことで、宗教学のほうへ行って、それで、学歴信仰《しんこう》もあるから、そのへんのこともあって、新宗教学者であったけれども、初めて東大に残れたのかもしれませんけれどもね。

まあ、麻原《あさはら》は確かに、自分は盲学校の出身だったけども、周りには高学歴の若者たちをたくさん集めてたよねえ、みんな知ってるとおり。そういう意味で、私じゃない、ほかの宗教学者たちは、「オウムだって高学歴が多いし、東大の医学部卒の人をたくさん集めてある」って言ってた。

まあ、たくさんでもないけど、東大医学部卒の人に犯罪を犯《おか》させたのは、世の中に対してショックを与《あた》えたよねえ。

「東大医学部って、そのくらいの頭なのか」っていうか、「善悪の判断ができないのか。医者は人を救うのが仕事だと思ったら、人を殺すほうに加担するようなことを医者がするのか」っていうように思われて、社会の倫理《りんり》と信用を破壊《はかい》したわなあ。ある意味での、高度成長社会に乗っていた日本を破壊する一翼《いちよく》を担《にな》った部分もあると思うし、学歴信仰を失ったところもある。

だから、あなたがたが言うように、「宮澤喜一《みやざわきいち》さん以降、バブル崩壊《ほうかい》で、日本が駄目《だめ》になって、東大の信用も落ちた」っていう考えもあるけども、こちらのほうもあったと思うね。

オウムにも、東大出の人とかはたくさんいたし、理学部でも数学科とか、数学のすごくできる、「天才」といわれたような人もいたのが、ああいう爆弾《ばくだん》を、都庁に、都知事宛《あ》てに送るとか、バカげたことをして、「なんで、Ｚ会の数学で満点を取れるような男が、日本一を取れるような男が、『爆弾を都知事に送ることは、いけないことだ』というぐらいのことが分からないのか」っていう悔《くや》しさは、やっぱりあるわねえ。

それで、今は、灘高《なだこう》とかも被害《ひがい》を受けて、そのあと、医学部に面接が入ったりして、人格を見られるようになった。まあ、医学部の教授に、人格を判断する力があるかどうかは、極《きわ》めて疑問なところもありますけど（苦笑）、そんなのをやられて、迷惑《めいわく》を被《こうむ》ったところもあるわねえ。

いや、そういうことがあったんで、宗教学者たちは、「高学歴っていうだけだったら、オウムだって、優秀《ゆうしゅう》な若者をたくさん集めてる」、そして、文系は青山《あおやま》（吉伸《よしのぶ》）元弁護士一人しかいなくて、あとは、ほとんど理系ばっかりだったので、「理系のエリートは、むしろ、オウムのほうが多い」という言い方をしていたのだけれども、理系の人っていうのは、そういう意味では、「リベラルアーツ」っていうか、一般教養が足りない部分がやっぱりあって、いわゆる「倫理学・哲学《てつがく》・宗教学・法学」みたいなのを勉強してないから、もう、善悪が分からないで、要するに、「技術的に、それだけの専門家に、一生懸命《いっしょうけんめい》になっていく傾向《けいこう》があるから、騙《だま》せる」っていうところを、麻原は見事に突《つ》いたんだと思うのよね。

一方、こちらの幸福の科学のほうは、どちらかといったら、文系のほうもエリートはけっこう来てますよね。要するに、理系の最たる人たちは、事務的なこととか、営業的なことで、あまり使えないですからね。在家《ざいけ》でやってる方は、けっこう多かったと思うんですけどね。

このへんのところは、大川さんはよく分かってたと思うんですが、宗教学者のなかには、そんなのに騙される人も、いたことはいたわね。

でも、やっぱり、向こうのオウムのほうは、自分のところを隠蔽《いんぺい》するために、そういう高学歴の人を優遇《ゆうぐう》したんだと思う。それで隠《かく》したんだと思うけども、幸福の科学のほうは、大川隆法総裁に惹《ひ》かれて、知的な方々も集まってきたんじゃないかと思うのでね。

まあ、そのへんの「違《ちが》い」を見分けるっていうのは、そんなに簡単ではないのかもしれないけどね。

## 5　千六百冊以上の教えを「公開」する超弩級《ちょうどきゅう》の宗教

### なぜ、一般《いっぱん》的な宗教に「公開性」がないのか

小林　今、まさに、オウムの「隠蔽《いんぺい》性」ということを言われましたが、先生からご覧になって、要するに、幸福の科学の「公開性」といいますか、あまりにも公開しすぎるくらいの「公開性」そのものと、「カルト」というのは、理論的に両立しうるはずがないというあたりは、おそらく、宗教学を専門にやっていないと、ご理解されない学者さんもいらっしゃるかもしれませんので、それについても……。

島薗進守護霊　いやあ、それは、「公開性」というか、「これだけやる」っていうのは、それこそ、中村元《なかむらはじめ》だって感激するぐらいだよね。

彼は好きなんだよね。「釈尊《しゃくそん》が、『私の握《にぎ》りこぶしのなかに、秘密は一切《いっさい》ない。教え

は全部説いた』みたいなことを、晩年言った」というようなことを、中村元さんは、よく言っておられてね。まあ、自分のことも重ね合わせて、たぶん言っておられたんだと思う。「自分は、全部書き尽《つ》くした」っていうことを言いたかったんだと思うんだけどね。

その点で言えば、公開は、ずいぶんしてると思うけど、なんでできるのか。普通《ふつう》はそれをすると、ほかから盗《ぬす》まれたり、まねされたりするから、宗教は秘伝で、みんな隠《かく》す。要するに、公開したら、なかで売るものがなくなるわけね。

それは、天理教《てんりきょう》でもどこでもそうだけども、なかで、やっぱり売って、収入をあげなきゃいけない。その教義や教祖が書いた本以外、収入源がないからね。

実際上、公開してるところって、あまりないじゃないですか。創価学会《そうかがっかい》とかは、たぶん、池田《いけだ》さんが書いてるわけじゃないからね。聖教《せいきょう》新聞社の人とか、ほかの人たちがだいぶ書いてるし、外部の人の寄稿《きこう》で雑誌とかも成り立ってますからね。公開といっても、意味はちょっと違《ちが》うし、「聖教新聞に載《の》ってる池田さんの文章とかも、実際に話した内容とは、そうとう違う」っていうことを言われておりますよね、昔から。

まあ、そういうものであるし、あとは、公開しているといっても、生長《せいちょう》の家《いえ》なんかも、ちょっとは売ってましたけども、やっぱり、「外で売っても売れない」というところもあったのと、どの話も、同じようなもの、似たようなものなので、ある意味では、生長の家の総裁よりも、要するに、人気があるような弟子《でし》もいましたよ、講師でね。だから、その人の本のほうが売れたり、その人の話のほうが人気が出たりするような面もあった。

要するに、ワンパターンになるんですよ、だいたいね。高橋信次《たかはししんじ》も、晩年、ワンパターンになっていて、最後の一年ぐらいは、「もう、同じことばかり言ってる」と、妹さんとかにも言われてたようですけども、だいたい言うことがなくなるんですよね。生長の家（の総裁）だって、「本は三百何十冊も書いた」って言うけど、だいたい同じことを言ってるか、「何十冊か読んだら、もう、読むのがきつくなってくる」ってことがあるけど、（大川隆法は）次々と、「新しい世界」を開いていくじゃないですか。切り拓《ひら》いていくじゃないですか。

このへんは、やっぱり、「ものすごい」と思うし、これは、別に宗教家じゃなくて、作家だったとしても、ここまで続けるのは、そう簡単なことじゃないと思うね。

## 幸福の科学の「公開性」と「新しいものを出せる自信」

**島薗進守護霊**　それで、実は、公開しているのは、「まだまだ、新しいものが出せる」という自信が裏にあるからだと思うんですよ。

出せないんなら、公開しないようにしないと、要するに、教団として維持《いじ》できなくなるよね。「なかの会員にならなかったら、読めません」っていうようにしないと、伝道して、「入ってください」って言う意味がないじゃないですか。

だから、それを公開したところで、まだまだ、先に、新しいところを開拓《かいたく》していく自信があるから、出してるところもあると思う。

まあ、そのへんは、私は、ちょっとよく分からない。経営学的に正しいのかどうかは、ちょっと分からないし、ジャーナリストたちにも、脇腹《わきばら》を見せてるようなところもないわけではないからねえ。

なかの、いちばん大事なところを平気で見せてるようなところがあるから、この不用心さが、本当にいいのか、あるいは、宮本武蔵《みやもとむさし》流の剣《けん》の達人で、もう、剣も要《い》らなくて、普通に歩いてても、斬《き》られる心配もないぐらいの達人度を持っているために、そうなるのか、このへんは、ちょっと、本人に訊《き》かないと、私も分からないけどもねえ。

まあ、今は、発刊してるのも、千六百冊以上とか出てるけど、これは、「extraordinary《エクストラオーディナリー》(非凡《ひぼん》な)」っていう言葉が当たる。はっきり言って、「超弩級《ちょうどきゅう》」だよね。

つまり、こういうのは、例えば、北朝鮮《きたちょうせん》の創立者みたいにね、ああいうふうなカリスマに仕立て上げるために、学者を総動員して本をたくさんでっち上げるとか、そういうところはあったかもしれないけど、一般《いっぱん》には、これはちょっと、なかなかできることではないし、「今、まさしく、本人が、本当にやってるらしい」っていうことが、だいたい分かってきつつあるんだろうと思うので、そのへんは、やっぱり衝撃《しょうげき》だろうねえ。

それで、そう思ってない人は、「いやあ、幸福の科学って、すごく組織力があるんですね」って言って、ほめ上げてる人もいるわけだ。「すごく仕事が速いですね！ものすごく優秀《ゆうしゅう》な人が集まってるんですね」って、ほめてる人がいるよ。自分たちの一般感覚で、「すごいですね。大川さんを偉《えら》くするために、こんなにたくさんの本が出せるって、すごい企業力《きぎょう》を持ってますね」というように、ほめる人もいる。

まあ、あなたがたにとっては、〝痛しかゆし〟だろうとは思うけどもね。

「辞《や》めた人であっても、『霊言《れいげん》』を否定した人はいない」

島薗進守護霊　ただ、今まで、過去三十年近く、二十何年に少なくともなるけれども、内部から、普通は脱会者《だっかい》が出るじゃないですか。どこの教団でもそうですよね。うまくいかなくて、辞《や》めていく人がいる。

だから、マスコミ系は、そのへんを必ず取材してます。だいたい辞めた人が悪口を必ず言うので、真相がだいたい分かる。

そういう意味で、もう、NHKであろうが、CIAであろうが、財務省であろうが、何でも一緒《いっしょ》ですよ。辞めた人に不満を訊いたら、内部の嫌《いや》らしいところとか、隠してるところとか、いろいろ必ず出ますから、そういうのをずっとやってきたはずなんですよ。

ただ、（幸福の科学に対しても）やってきてるものの、それは悪口を言う場合もありますけども、「霊言集《れいげんしゅう》、霊言を否定した人は、いまだに一人もいない。裁判を争うような人でも、それは否定していない」っていうところ、これは、やっぱり、すごいことだと思いますね。

小林　はい。

# 6 「とんでもない巨大宗教《きょだい》」になっても、まだ〝隠《かく》しているもの〟がある

## 宗教学者の分析《ぶんせき》可能領域を超《こ》えている幸福の科学

小林　それで、あと二つだけ質問させていただきたいのですが、一つ目は、地上の島薗先生に、少し配意した質問です。

島薗進守護霊　ああ、はい。

小林　最近の、地上のほうの島薗先生は、幸福の科学に関して、カルトどころか、「これは、もう巨大《きょだい》宗教なんだ。すでに、『とんでもない』という言葉がつくくらいの（笑）……」。

島薗進守護霊　とんでもない（笑）。

小林　ええ、「巨大宗教なんだ」ということを強調されていて、「カルトなどということは、もう全然、意識にない」という感じのコメントを頂いているのですが、そのへんに関して、少し補足といいますか……。

島薗進守護霊　いやあ、「宗教学者が分析《ぶんせき》できないようになってきた」っていうようなこと、これは、すごいことですよ。

例えば、仏教やキリスト教、イスラム教だって分析できないわけじゃない。これ、できますよ。私だって、まあ、新宗教が専門だから、仏教やイスラム教、キリスト教は文献《ぶんけん》が多くて手強《てごわ》いですが、それを一冊の本で、『イスラム教概説《がいせつ》』とか、『キリスト教概論』、『仏教概論』とか、書こうと思えば書けないわけではない。

だけど、専門家がまだほかにいっぱいいるから、その目を意識したら勇気が要《い》るし、書いたら、「新宗教学者が、われらのところに〝斬《き》り込《こ》んで〟くるとは何事か！」と、普通《ふつう》は批判されるから、それを考えると、とてもじゃないけど、なかなかそんなのは書けないわね。

でも、大川総裁の場合は、平気でそのくらいやっちゃいますからね。一日で、パッとやっちゃうでしょ？

このへんのすごさはねえ。だから、全部鳥瞰《ちょうかん》してるんだよね。比較《ひかく》宗教学的に鳥瞰して見てるので、このへんの認識力のすごさは普通ではないので。

つまり、そういう世界宗教といわれるものでも、私たち新宗教学者は分析可能なのに、「幸福の科学が分析可能領域を超《こ》えている」っていうことは、「巨大だ」ということそのものですよ。

里村　うん。

島薗進守護霊　もう、巨大すぎて分からない。

里村　うん。

島薗進守護霊　例えば、戦艦大和《せんかんやまと》のそばにアリが歩いてたって、「そんなもの、何だか分からない」っていうのと一緒《いっしょ》ですよ。

たぶん、キングコングが戦艦大和を見れば、だいたい大きさは分かるでしょうね。キングコングが、自分のサイズと比べて、「戦艦大和はこのくらいの大きさだ」ってだいたい分かるけど、アリが戦艦大和のそばにいたら、戦艦大和の大きさは絶対に分からない。

それと一緒で、「大きさが分からない」っていうことは、やっぱり「大きい」ってことだと思うんです。

「大川総裁は『大胆《だいたん》さ』と『慎重《しんちょう》さ』を兼《か》ね備えている」

島薗進守護霊　それで、まだ無限に出てくる可能性があって、「まだ隠《かく》してる」っていうか、「公開してる」という意見もあったけど、「宇宙の法」のところなんかは、そうとう隠してて、本当は今まで、どの宗教でも説かれたことのないような部分を持ってる。

だけど、なんか本人としては、社会的信用がついてきて確立して、みんなが認めるまで待ってるような感じがするのよ。

だから、私は、できるだけ長生きしなきゃいけないと思ってるんですよ。みんなが認めてきたら、「じゃあ、いよいよ〝最後の扉《とびら》〟を開きます」と言って、出てくるものがいったい何であるのか。これが見たいんですよ。

小林　うん、うん。

島薗進守護霊　私は、大川総裁は「慎重《しんちょう》な人」だと思いますよ。「大胆《だいたん》」でもあるけど「慎重」。大胆かつ慎重だと思います。

里村　はい。

島薗進守護霊　やっぱり、それは法学部的な、緻密《ちみつ》な勉強をした部分だと思う。大雑《おおざっ》把《ぱ》に、バーッと概論みたいなのが書けるような大胆さも持ってるけど、実は慎重で緻密なところがすごくある。

だから、幸福の科学の信用が、いっぱいいいっぱい来るところまで〝蓋《ふた》〟を開けないで、隠してるところがたぶんあると思うな。

私はそれが見たいんですよ。その意味では、今、何とかして長生きしなきゃいかんと思ってるところなんですけど。

小林　ありがとうございます。

# 7 「私《し》」を捨て「公《こう》」を取ったことこそ仏陀《ぶっだ》の証明である

## 「仏陀再誕《ぶっださいたん》」を証明した出来事

小林　私の最後の質問ですが、大学設置審議《しんぎ》委員の先生方のなかで、幸福の科学に対して、「カルト」と思っている方がいるようです。

われわれの調査によりますと、その理由の一つが、大川隆法総裁の前夫人のことに関して、いろいろと週刊誌報道等もあったので、そういう見方をされている方がいらっしゃるような話を聞きました。

島薗進守護霊　うーん。

小林　なぜこれを訊《き》いているかといいますと、例えば、私どもが、上場会社の役員の方とか、経団連《けいだんれん》の方々と話をすると、「あの件についての、大川総裁のお考えは非常によく分かる」「理解できる」とおっしゃるわけです。

島薗進守護霊　うーん。

小林　要するに、「企業《きぎょう》が上場するときに、よく起きるパターンなんだ」ということです。

島薗進守護霊　そう、そう。

小林　私は複数の経済人の方から聞いたのですが、「われわれは、宗教の難しい教えとかはよく分からないけれども、『あの件で、総裁が何を考えておられるのか』というのは、よく理解できるよ」というコメントを頂いたことがあるのです。

島薗進守護霊　うん、うん。

小林　ですので、もし、そのようなことで当会を「カルトだ」という誤解をしているのであれば、われわれも非常に残念で、心外なことでもあります。

ですから、そのあたりも、宗教学者としてお話ししていただければありがたいと思います。

島薗進守護霊　いや、それはねえ、むしろ、仏教を勉強した人だったらさあ、「それこそ、お釈迦《しゃか》様の証明だ」って、きっと言ったに違《ちが》いないでしょうねえ（笑）。

やっぱり、「教えが現代的で違うから、『お釈迦様かどうか?』と思ったけど、いや、これなら本物だ」と言った人は、たぶんいるんじゃないですかねえ。「これでこそ、本物だ!」と言ったでしょう。

だから、そういう「私《し》」の部分を捨てて、「公《こう》」を取ったのはお釈迦様ですよね?

企業にも「公」と「私」はありますけども、「宗教でも『公』と『私』がある」っていうようなとこを見せたところだよねえ。

まあ、ある意味では、「領民を守る」とか、「カピラ城を守る」っていうことも公は公なんだけども、釈尊《しゃくそん》が考えたのは、「それ以上の大きな公がある」っていうことだよね。だから、それは領主、国王として、国民を守るのは公だけども、小さな国でもあったしねえ。それよりも、「世界宗教としての仏教が立って、人々を救うっていうことが、どれほどの公《おおやけ》か」っていう、その大小を考えたときに、たぶん迷う余地がなかったんだと思う。

ただ、彼には人情《にんじょう》がある。人情はあったけども、理性的に公私をキチッと分ける面はあったと思うんで。

だから、前夫人のことについて、いわゆる一般《いっぱん》的なスキャンダル風に捉《とら》える方もいるかとは思うけども、それは違うということは、弟子《でし》が離《はな》れていってないところを見ても分かるし、お子様方を五人とも、父親のほうが引き取って育てておられる。近くで見ておられたお子様方がみんな残っておられて、仕事を手伝っているのを見たら、それはよく分かっているところじゃないですかね。

## 事業規模が大きくなれば「公人《こうじん》」になるのは当然のこと

島薗進守護霊　だから、私も前夫人を存じ上げてはおりますけれども、「東大の文学部を出た」っていうことに対して、非常にプライドを持っておられる方であったと思う。

ただ、どうなんでしょうかねえ。最初は、「夫と奥《おく》さんと二人三脚《ににんさんきゃく》で仕事を始めて、大きくなる」という松下《まつした》電器が起きたようなスタイルではあるけれども、大企業になってきたら、奥さんが副社長でいられなくなるのは、経済人なら、みんなもう百パーセント知っていることなんですよ。全部知っていることだし、確かにそのとおりなんで。「自分は東大を出てるから、そんなことはないだろう。落ちこぼれることはない」と思っておられたんだと思うけども、「認識力」とか「勉強の量」では、もうかなり差が開きすぎてきたんだと思うんですね。

だから、そこまで開くことが、「理不尽《りふじん》だ」と思って暴《あば》れたところがおありなんだと思う。

けれども、それについては、総裁のほうは、個人的に「好き嫌《きら》いの感情」で全然ものを言ってないし、仕事上の関係でやっておられると思うんでね。

だから、その後もずっと仕事を続けていらっしゃるのを見たら、それはそうとうつらい思いを乗り越《こ》えてやっておられるはずなので、このへんは理解してあげなかったらいけないのではないでしょうか。

## 「公人《こうじん》」として生きた松下幸之助《まつしたこうのすけ》氏の例

島薗進守護霊　例えば、松下幸之助《まつしたこうのすけ》だって、本当は、むめの夫人と葛藤《かっとう》があったり、三洋《さんよう》電機をつくった義弟《ぎてい》の井植《いうえ》氏とライバルになっちゃったからね。奥さんが、そのお姉さんですからね。それは葛藤もあって、いろいろ私生活のところを批判される面はあったかもしれないけれども、これはしかたがない面はあったと思うんだよね。

最初は、主婦感覚が入って家電の販売《はんばい》とかにはよかったかもしれないけど、もし、その夫人が、大会社になっていく松下電器の人事とかに介入《かいにゅう》したり、口を出したり、仕事の仕方についてあれこれ言ったりしたら、だんだん（立場を）超《こ》えてくるわね。みんなが大勢で研究し始めたら、とてもじゃないけど、素人《しろうと》の意見を言うべきじゃない時期が来るよね。

これを黙《だま》らせるというのは、かなりしんどいことやね。

このへんは、松下幸之助でも、タブーの部分として残ってるし、今のパナソニックも前の松下電器もそうだけど、広報部門とかが、一生懸命《いっしょうけんめい》それを抑《おさ》えるのは大変だったというふうに聞いているけどね。

でも、夫人との仲をずっと取り持つように、松下幸之助には、「もう仕事はしないで、家族と仲良くやってください」っていう一般倫理《りんり》、〝庶民《しょみん》の倫理〟を説いても、「そのほうがよかったか」と言ったら、九十九パーセント以上の人は、「『経営の神様』になってほしかった」と言うでしょう。

つまり、「そのほうが、多くの経営者の福音《ふくいん》になったし、会社の従業員を養える企業が日本に多くできるための福音になった」「『経営の神様』になってほしかった」「奥さんのところは残念だけど、これはやっぱり悟《さと》らなきゃいけない部分があったんじゃないでしょうか」というのは、みんな思ってることでしょう。

## 大川隆法に対するフェアな見方を明かす

島薗進守護霊　だからね、これは、そういう「庶民感覚」というか、あるいは「個人レベル」でやってる学者には理解できないよ。

例えば、学者だってさ、東大の教授をやってても、奥さんが威張《いば》ってたら、ゴミ出しをやらされてる学者とか、「ワークシェアリングよ」と言われて、朝ごはんぐらいつくってる人とか、けっこういる。業績が大したことはないし、時間が余ってるために、ボヤきながらも、夫婦《ふうふ》で折半《せっぱん》して仕事や子守《こも》りをやったりしてるところもあるよね。それは、そのレベルでできる人はやってもいいと思うよ。ただ、責任がそんなのでないレベルまでいったときには、それはもうしょうがないんじゃないですかね。

だから、奥さんのことをいろいろ言われたあとで、幸福の科学が出してきた実績を見たら、理由はもう明らかに分かりますよ。「飛行船をつないでる最後のロープを切った」っていう感じですよね。「大空に飛ばなきゃいけないために切った」っていうふうに見えるので。

このへんは、ご本人から、いずれ何か言われることもあるだろうけども、仕事がどんどんどんどん前進している段階ですので、まだ深くは立ち入らないでしょうね。

それから、文春《ぶんしゅん》とか新潮《しんちょう》がやったとは言ってるけども、あれも一方的な書き方でしたからね。あなたがたの反論を聞かないで、一方的な言い方だったので。ただ、逆で言うんだったら、本当は怒《おこ》ると思うんだよね。つまり、「教団の財産を、もっともっと私有化したい」っていうふうな意見だったら、マスコミは、普通《ふつう》はそちら（前夫人）のほうを叩《たた》く。だけど、弱い者を守るようなふりをしてやったところがあった。まあ決して弱い者ではなかったけどね。

その新潮や文春も、今、朝日と揉《も》めたりしてるように、言論っていうのは意見が割れるもんだから。やはり、大川さんの思ってるのは、客観性があると思うんですよ。

例えば、新潮とか文春とかが、ほかのところも含《ふく》めて朝日を攻撃《こうげき》してる。今、左翼《さよく》の牙城《がじょう》で戦後を引っ張ってきたものを叩いている。それについては大川さんのところも、基本的に同じように叩いてる。

私なんかも〝文学部崩《くず》れ〟だから、心情的にはほかの宗教と同じように、左翼的なものも持ってて、政治的なことはよく分かんないけどね。

だけど、「朝日に間違いがあった」と言って叩いて、「それ見たことか」「廃刊《はいかん》しろ!」なんて言って、たくさん叩いてるなかで、(大川隆法が)客観的に冷静に見ている目は、やっぱり感じるよ。それは、「その事柄《ことがら》を捉えれば間違ってると思うけど、全部が全部、間違ってるわけじゃない。正しいことを言うところもある。それについては、評価はする」っていうスタンスでしょ?

だから、非常にフェアな方なんで、職業的に見れば、裁判官でも十分可能なものの見方をしてると思う。これはむしろ、その後の仕事の業績を見て判断してあげないといけないいんじゃないかねえ。

小林　はい。ありがとうございます。

## 8　日本からいい宗教が広がることに期待する

### 「大川総裁は非常に頭がいい」と最初から感じていた

里村　島薗先生の守護霊様のインタビューは初めてでございます。

島薗進守護霊　あっ、そうか。

里村　非常に長くなりまして、恐縮《きょうしゅく》なのでございますが、一点だけ簡単にお伺《うかが》いしたいと思います。

ごく初期に、大川総裁に会われている島薗先生の守護霊様からご覧になって、わずか二十年余りで、大学開設の教育事業や政治事業まで展開していることは、ある意味で予想されたことでしょうか。あるいは、予想を超《こ》えたことでしょうか。

島薗進守護霊　いや、いや。最初からすごいのは分かってましたよ。

里村　はい。

島薗進守護霊　すごいのは分かってましたけど、「どこまで行くか」っていうのは分からないところはあったし、はっきり言って、大川総裁の著作だって、ものによっては理解できないものもありますよ。宗教学者では読んでないような方面について書いてあるものとか、分からないものはかなりありますから。

いやあ、こういうことを言うと、同業者がけっこう、やっかんだり、嫉妬《しっと》したり、いろいろするから、「なんか、金でももらってるんじゃないか」とか言われたりすると嫌《いや》だなあ。ちょっと言いにくいけども。

里村　はい（笑）。

島薗進守護霊　いや、すっごく頭がいいと思った。最初からね。

里村　はい。

島薗進守護霊　すっごいと思いました。

里村　そうでございますか。

島薗進守護霊　だから、最初のころの本では、『平凡《へいぼん》からの出発』とか書いたり、出発点はけっこう低く、自分を見積もって書いてるんだけど、私は「謙遜《けんそん》が過ぎているんじゃないかな」っていう意見だったんですけどねえ。

だけど、そういうふうなスタンスを取ることによって、長く勉強し続けて、活動を続けたんだろうと思うんです。

まあ、このへんのところが、ほかの宗教学者たちが、「われらのほうが、ちょっと上かな」と思って意見を言ってたところではあると思うけどねえ。

## 日本発の世界宗教が出ることはありがたいこと

**島薗進守護霊**　いやあ、予想はできなかったけど、今だって、これからどうなるのかは、まだ予想できないので、まさしくそのとおりで、「どこまで行くのかなあ」って思ってます。

まあ、宗教学者の立場から見れば、「日本から、いい宗教が出てきて、世界的に広がっていくんなら、ありがたいなあ」と思う。

さらに、安倍《あべ》政権を応援《おうえん》してるところもあるし、ちゃんと批判してるところもあるので、応援しつつ、間違《まちが》ってると思うところがあったら、キチッと路線を変更《へんこう》するような意見を言えるような、そういう大宗教家が日本に出てくることは、いいことなんじゃないかと思うね。

だから、私たちには、もはや手が届かないところまで来つつはあります。今後、どこまで行くのか。そして、最後、これがどうなるのか。もし、イエスみたいな悲劇的な最期《さいご》を迎《むか》えたとしても、それでもすでに十分な成果としてはあげられてはいるんじゃないかなあと思うし。

いやあ、宗教についても、よく勉強してますよ。

里村　はい。分かりました。まだこれからも、長く長く見ていただきたいと思います。

島薗進守護霊　はい。ありがとうございます。

里村　はい。今日は本当にどうもありがとうございました。

大川隆法　はい、はい（手を一回叩《たた》く）。島薗先生、ありがとうございました。

# 第2章

# 山折《やまおり》哲雄《てつお》氏守護霊《しゅごれい》から観《み》た幸福の科学

二〇一四年九月六日　収録

東京都・幸福の科学　教祖殿《きょうそでん》　大悟館《たいごかん》にて

山折哲雄《やまおりてつお》（一九三一〜）

宗教学者、評論家。国際日本文化研究センター名誉《めいよ》教授、国立歴史民俗《みんぞく》博物館名誉教授、総合研究大学院大学名誉教授。アメリカのサンフランシスコ生まれ。東北大学文学部卒業。春秋《しゅんじゅう》社の編集部勤務ののち、駒澤《こまざわ》大学文学部や東北大学文学部の助教授を経《へ》て、国立歴史民俗博物館教授に就任。その後、白鳳《はくほう》女子短期大学学長や国際日本文化研究センター所長等を歴任した。

質問者　※質問順

里村英一《さとむらえいいち》（幸福の科学専務理事〔広報・マーケティング企画《きかく》担当〕）

小林早賢《こばやしそうけん》（幸福の科学広報・危機管理担当副理事長 兼《けん》 幸福の科学大学名誉《めいよ》顧問《こもん》）

［役職は収録時点のもの］

# 1　宗教学の泰斗《たいと》・山折哲雄《やまおりてつお》氏の守護霊《しゅごれい》を招霊《しょうれい》する

大川隆法　次は、山折哲雄《やまおりてつお》先生の守護霊《しゅごれい》ですね。

山折先生は、天皇制というか、皇太子さまのご結婚《けっこん》についてご意見を言っていました。勇気ある発言ではありましたけれども、バッシングをお受けになられたこともあります。それについては、当会からも、「少しどうだろうか」という意見を出したこともありました（『守護霊インタビュー　皇太子殿下《でんか》に次期天皇の自覚を問う』〔幸福の科学出版刊〕「第2章　山折哲雄氏の守護霊霊言《れいげん》」参照）。

また、山折先生は、それ以前には、オウムの麻原《あさはら》と対談したりしたことを、あとから責められたりもしています。この人は、もともとは性善説の人なので、「オウム真理教も、ほかの宗教も、宗教はみなよいものだ」という感じだったのでしょう。宗教学者のなかでも性善説派だったので、それで少し心を許し、ヨイショをかけた面もあったので、あとから責任を追及《ついきゅう》された面はあったと思います。

そういう意味で、少し暗くなったのかもしれません。

それから、浄土真宗《じょうどしんしゅう》の僧侶《そうりょ》でもあるため、親鸞《しんらん》の『歎異抄《たんにしょう》』の「悪人こそ救われる」ということについて、「それでは、オウムは救われることになる。あれは悪人だから、間違《まちが》いなく救われるはずだ。しかし、そうなると、うちの教義は間違ってはいないだろうか」ということになって、やはり非常に深刻な問題ではあったと思うのです。

ただ、「今のところ、大川隆法は、『浄土真宗は間違っている』とまでは批判していない」というようには感じているかもしれません。

いずれにせよ、理解のある面もありますし、宗教学の泰斗《たいと》であることは間違いないと思います。『世界宗教大事典』なども編纂《へんさん》する人ですから、泰斗であることは間違いないでしょう。

なお、「知識量」という意味では、特定の新宗教に限らず、伝統宗教から海外のものまで含《ふく》めて、そうとうな知識を持っているので勉強になるのではないでしょうか。一般《いっぱん》の宗教学者が手の届くところにはいない人だと思います。

山折哲雄先生は、八十三歳《さい》ということですから、引退されていて、現役《げんえき》ではないのだろうと思いますが、著名な人であり、まだ活躍《かつやく》なされると思います。

それでは、お呼びします。

山折哲雄先生の守護霊よ。

山折哲雄先生の守護霊よ。

どうかお出《い》でくださり、われわれに、いろいろなご意見を頂ければ幸いです。

山折哲雄先生の守護霊よ。

どうか、幸福の科学　大悟館《たいごかん》に降りたまいて、われらにご意見をくだされば幸いです。

（約五秒間の沈黙《ちんもく》）

## 2 「大川隆法は人間国宝だ」と観《み》ている

### 幸福の科学を草創期から観察していた山折氏守護霊

山折哲雄守護霊　ああ、うーん。

里村　こんにちは。

小林　山折先生で……。

山折哲雄守護霊　異端審問《いたんしんもん》ではないよね？（会場笑）

小林　いえいえ。山折先生の守護霊様でいらっしゃいますか。

山折哲雄守護霊　うん、うん、うん。はい。

小林　本日は、本当にありがとうございます。

里村　ありがとうございます。

山折哲雄守護霊　ええ。

小林　今日は、「宗教学者からご覧になられた幸福の科学」ということで、連続インタビューをしているのですけれども、冒頭《ぼうとう》、大川総裁からご紹介《しょうかい》がありましたように、山折先生は、日本の宗教学者のなかでは非常に該博《がいはく》な、きっちりとした知識をお持ちの先生でおられます。

山折哲雄守護霊　うーん。

小林　そういう先生からご覧になられて、幸福の科学というものが、どう見えてきたか。あるいは、どう見えているか。そういうあたりから、少しコメントを頂けると、たいへんありがたいと思います。

山折哲雄守護霊　うーん、まあ、宗教学者は、本当は全般《ぜんぱん》的には、何て言うか、感謝してるんじゃないの？　幸福の科学が出て、宗教学者の地位は上がったよね、はっきり言ってねえ。まあ、上がったと思うよ。

まあ、オウムが下げたから（笑）、その分の相殺《そうさい》はあるので難しいけれども、やっぱり、誇《ほこ》らしい面を感じている人は、半分以上いるんじゃないかなあ。だから、「優秀《ゆうしゅう》な学生とかが宗教を研究しないかなあ」とか思っているところもあるしね。

私なんかも、ある意味で、（幸福の科学が）出てきたところから、ずっと見てはおりますけども、活躍《かつやく》されてますよね。

いや、要するに、宗教って〝裏側〟だったんでね。もともと〝裏側〟のもので、扱《あつか》わないし、表側に出てこないものだったのが、攻《せ》めて攻めて表側に出てきた。

まあ、野球の選手で言えば、二軍から一軍に出てきて、大リーグのほうに進出していったような、そういう印象があるよね。だから、打って打って打ちまくったら、やっぱり一軍に出るし、大リーグにも出てくるっていうところ?「宗教だってそういうことはありえるんだ」っていうことを見せたように見えるわね。

だから、宗教学者としては、いろいろな宗教を公平に扱うために、「善悪を言わず、特徴《とくちょう》は違《ちが》うけれども、どれも同じように扱う」という傾向《けいこう》は、基本的につくられているので。まあ、そういうふうに、特別に、えこひいきをしないようには訓練されているんです。「あんまり、おたくみたいなところをほめないで、悪いところも、そんなに悪く言わないで」というような感じで、調整の原理が働くんですけどね。

だけど、やっぱり、いやあ、なんか(大川隆法は)「傑物《けつぶつ》」だよね。うれしいね。私はうれしいし、まあ、今ほかの審議委員とかが、どんなふうに見てるのかは知らないけども、これは「人間国宝」だよ、はっきり言って。だから、「人間国宝」を見落としちゃ、やっぱり、いけないんじゃないかなあ。ほかには、もう、こういう例はそう簡単には出てこないよ。

## 幸福の科学へのアドバイスとなった山折哲雄氏のメッセージ

小林　この二十数年の間で、山折先生から頂いたメッセージのなかで、われわれが非常に印象に残っていることがあります。

大川総裁ご自身がダーッとすごい勢いで法を説いておられまして、それはまさに、パーッと花が咲《さ》くように説いておられたわけですけれども。

山折哲雄守護霊　うん、うん、うん。

小林　そうしたことについて、総裁が、「別に体系化されるわけでもなく、シリーズ化という感じにもなっていない状態で説き続けているが、山折さん的には、どう思うか」とお訊《き》きになったときに、「いや、大を成す宗教の初代というのは、そういうものだ」という主旨《しゅし》のメッセージがあったと聞いています。

山折哲雄守護霊　うーん。

小林　まあ、そのあと、だんだん体系化が現在進行形の部分もあるのですけれども……（笑）。

山折哲雄守護霊　うん、うん、うん、うーん。

小林　ただ、このあたりについて、まあ、今日はちょっと「カルト」ということがテーマなものですから……。

山折哲雄守護霊　ああ、なるほどね。

小林　先ほどご紹介したメッセージは、世界の仏教の歴史とか、あるいはイスラム教の歴史とか、そういったところまで視野に収められている山折先生だからこそ出てきたと思うのです。
そういう意味で、諸々の小さなカルト性のある宗教と、仏教や幸福の科学との違いについて、具体的なコメントを頂ければと思います。

山折哲雄守護霊　やっぱり、法（教義）が出すぎる人は……。まあ、初期のころだって、週一回ぐらい、霊言集《れいげんしゅう》が出ていたころもありましたからね。毎週、「週刊誌みたいだ」っていうぐらいの出方をしてたときもあったから。それも、種類が違う宗教の教祖とかの本（霊言集）が出てたりしてたから。
まあ、悪く言う人は、「自分の理論があって、一貫性《いっかん》がなければ宗教として正しい宗教じゃない。いろいろなものをダーッと出してやってるけど、まあ、デパートみたいなもんだ。百貨店的なものだ」っていうような批判をしていた。初期のころは、同業者でもいましたからねえ。

それに対して、私のほうからは、「いや、気にしなくていいんだ。どんどん、やりたいことをずっとやり続けていけばいい。初代っていうのは、それで、どんどん広げていけばいいんだ。アメーバ状に、教えをどんどんどんどん広げていけばいいんであって、それを整理するのは二代目以降の仕事なんだから、全然気にする必要なんかないんだ。編纂《へんさん》することを、そんなに気にする必要はないので、言いたいことがあったら、どんどん言ったらいい。そんなのを気にすることないし、十分にオリジナリティーがある」ということを言った。

## 初期のころから見抜《みぬ》いていた幸福の科学のオリジナリティー

山折哲雄守護霊　「オリジナリティーがない」という批判もあったよね？　百貨店風に、いろいろなものを出してきて、何でも置いてあるっていうことは、専門店ではないっていうことだね？　専門店は、何かに絞《しぼ》ってやってるじゃないですか。それでオリジナリティーもあるわけだけども、そういう主張がなくて。

例えば、かわいい服を売るとか、大人びた服を売るとか、三十代に焦点《しょうてん》を当てたとか、あるいは、イギリス製のものにこだわってるとか、イタリア製にこだわってるとか、まあ、普通《ふつう》の宗教は、みんなそういうふうに何か、ある種の一つのブランドをつくるためにやっているわけですよ、たいていの場合はね。

だけど、いろいろなブランドがあるっていうのは、百貨店とか、そういうもんでしょう？　デパートでしょう？

そういう意味で、「何でもあり」だから、ほかの宗教が要《い》らなくなるし、「何でもあって、揃《そろ》ってるという百貨店志向だ」っていうような批判があった。

あとは、教えがアメーバ的に、いろいろ広がっていくところあたりが、理論的でないっていうか、一本筋《すじ》が通ってないっていうか。「いや、法華経《ほけきょう》こそ正しい教えだ」という感じで一本貫《つらぬ》くようなところが宗教らしいところであるのに、ちょっと、そういうのがなくて、「オリジナリティーがないんじゃないか。いろいろなものの、ものまねなんじゃないか」というような批判をしている宗教学者もいましたよ。初期のころはね。

ただ、私は、十分にオリジナリティーがあると見ていました。「その先へ続けていったら、これはきっと見たことのないような宗教になるんじゃないか」という感じを持ってたので。

いや、例えば、鱗《うろこ》の一枚だけを取って、あれこれ言う考えもあるし、その鱗全部がつくっている魚はどんな魚かっていうのは、最後まで見てみないと分からないけど、「これは、すごいかも」っていう感じは、やっぱり最初からありましたねえ。

## 3　統一教会との大きな違《ちが》いは「騙《だま》しのテクニック」があるかどうか

### なぜ、「幸福の科学」と「統一教会」の区別がつかないのか

小林　今回は、大学の審議会《しんぎかい》のほうの宗教的視点から出てくる論点として、わりとキリスト教的な視点から、いろいろコメントが加えられてくるという部分があります。

山折哲雄守護霊　ああ、そう。うーん。

小林　まあ、確かにキリスト教に関連してカルト認定されるような宗教も若干《じゃっかん》ありますので、たぶん、そことの比較《ひかく》を気にしながら、いろいろコメントをされているのだろうと思うんですけれども、ちょっとそういったあたりは、キリスト教的に見て問題

のある宗教とどう違《ちが》うかという……。

山折哲雄守護霊　たぶん、伝統的なキリスト教から見れば、要するに、「統一教会」と「幸福の科学」の違いの説明がつかないだろうと思うんだよね。

小林　ええ。

山折哲雄守護霊　「向こう（統一教会）は『イエスの生まれ変わり』みたいな言い方をしていて、幸福の科学のほうは『仏陀《ぶっだ》の生まれ変わり』みたいなことを言っている。どこに違いがあるんだろう。教祖の違いはあるけど、基本的に同じようなことをしようとしてるんじゃないか」というような意見が、たぶんあるんだろうと思うんですけどね。

だから、伝統的なキリスト教のほうは、統一教会みたいなのに、そんなに力を与《あた》えたくないよね？　そういう考えも持っているし、みんなキリストの再臨は待ち望んではいるけども、実際に出てこられたら困るっていうことだよね。「実際にキリストの再臨があったら、ローマ法王の立場はどうなる」っていうことで、あなたがたも何かで触《ふ》れとったけども、例のロシアの作家の……。

里村　ドストエフスキー?

山折哲雄守護霊　そう、そう、そう、そう。その「大審問官《だいしんもんかん》」(ドストエフスキー『カラマーゾフの兄弟』の一節)。「キリストだって分かってるけども、今ごろ出てきたって邪魔《じゃま》だ。もう教会組織が出来上がってんだから邪魔するな」って言って放り出したっていうね。

だから、今、本当に出てきても、たぶん、そういうところはあると思うけど、「本物のキリストでも追い出されるところ」と、「偽物《にせもの》だから迫害《はくがい》を受けているところ」の区別は、すごく難しいことではあるわね。表面上のことを言えば、両方、間違ったような言い方をしなければ消せませんからね。

統一教会を信じている人は、キリストの生まれ変わりみたいに思っているところもあるんだろうと思うし、普通《ふつう》の人が「気持ちが悪い」と思う合同結婚式《けっこんしき》みたいなものでも、「いや、キリストが説いている愛の教え、隣人愛《りんじんあい》を実践《じっせん》してるんだ。隣人愛っていうのは、人を区別しないで、誰《だれ》にでも愛を与えることなんだ。だから、教祖が指名した人と、国籍《こくせき》を超《こ》えて結婚することは隣人愛なんだ」というふうに見てるのかなとは思いますけど。

これは、長年、キリスト教教会が説いてきた結婚倫理《りんり》の批判とか、「神が会わせたもう者」とかいうのに対して、ちょっと大雑把《おおざっぱ》すぎるっていうことかね。まあ、一件一件を個別にやっているならともかく、やや大雑把すぎて、「収入源としてやっているんじゃないか」「見世物《みせもの》としてやってるんじゃないか」「人権侵害《しんがい》じゃないか」っていう目で見てるっていうことだろうとは思うんだよね。

だから、キリストの再誕《さいたん》が認められないなら、仏陀の再誕だっておかしいと思うし、(幸福の科学では)仏陀の再誕と言いつつ、なぜキリストの教えが出てくるんだっていうようなところ？　まあ、キリスト教系の人から見れば、仏陀の再誕で仏教だけやってれば、それでもいいけど、「キリスト教まで手を出すな」というところかね。やっぱり、「われわれの陣地《じんち》に手を出してる」っていうようなところがあるし、「キリスト教の信者や、シンパシーを感じてる人も、幸福の科学のほうで愛の教えとかを説くから、そちらのほうに行っちゃうじゃないか。キリストの霊言《れいげん》を出しているあたり、実に怪《あや》しい」と。

「そんなものを出してると、バチカンから何から、全部敵になるぞ」っていうようなところは、ないわけではないし、「偽《にせ》キリストに気をつけろ」みたいな預言もあるから、まあ、それに当たるんじゃないかというところはあると思うんだけどねえ。

ただ、やっぱり、これはどうかねえ。鑑識眼《かんしきがん》っていうのは、人によって差があるから、これについては、もう、どうしようもないところがあるわね。鑑識眼に差があって、人物を見る目や、学識としての豊かさがどのくらいあるか、私心を離《はな》れて見ることができるかどうかとか、いろいろあると思うんだよね。

むしろ、（幸福の科学は）新宗教だけども、キリスト教を頭から否定してないし、キリスト教のなかのおかしい部分も認識はしているけども、トータルで見て、やっぱり、人類にとってプラスになっているというように判断していると思うんだよね。こういう認識力のあり方が、たぶん分からないのかなと思うんですね。

まあ、統一教会も、ある意味では、いろいろな宗教を全部認めるような言い方をするから、それは客引《きゃくひ》きの原理でやってるに違いないと見てるんだろうと思うけども。

ただ、はっきり言って、昔は政治家も分からなかったと思うんです。統一教会だって、「勝共連合《しょうきょうれんごう》」で右翼《うよく》の政治家たちを応援《おうえん》してたけど、幸福の科学も、勝共連合じゃないけども、左翼を批判して、安倍《あべ》さんみたいな右翼型の人の応援をしてるように見えるからね。だから、「統一教会の仏教バージョンか」と思う面はあるのかと思う。

## 最初から「騙《だま》しのテクニック」を使っている統一教会

山折哲雄守護霊　でも、やっぱり基本は、教祖のところに、騙《だま》しのテクニックがあるかどうかなんじゃないですか？

小林　そうですね。はい。

山折哲雄守護霊　これは大きいと思うよ。

里村　ええ。

山折哲雄守護霊　先ほども、なんか島薗《しまぞの》先生の守護霊がおっしゃってたけども、麻原《あさはら》彰晃《しょうこう》とか、桐山靖雄《きりやませいゆう》とかは、最初から騙しのテクニックを使ってて、まあ、犯罪になってるけど、こういうことを幸福の科学は基本的にはやらない。だけど、統一教会は、最初のころから、これを使ってますよ。そういう、いかがわしい人物がスタート点で始めてて、だんだん事業としては大きくした。まあ、一部、マフィア的な感じの事業を、宗教を使って大きくしているようなところがあるように見えるわな。

まあ、韓国《かんこく》のほうでは埋《う》もれてるところだけど、韓国の世論《せろん》の反日論に上手に乗じて、「日本は悪魔の国、エバの国だから、日本から幾《いく》ら収奪《しゅうだつ》しても構わないんだ」っていう教えで日本から金を取る、と。だから、教祖の教えとして、「石ころでも金に換《か》えろ」と言ってることが正しいんだということで、高等教育を受けた日本人が、なぜか、花束売りを交差点でやったり、変な壺《つぼ》を売ったりしてる。

まあ、「石ころでも金に換えろ」っていう教えで、日本から収奪してやることが、要するに、原罪を許すことになるというわけだ。こんなのは、今の韓国の政権から見ても好ましいことであろうから、韓国人の気持ちにおもねるところもある。

そういう意味で、韓国では、（統一教会の）評判が、そんなに悪いわけじゃないんだけど、日本でもアメリカでも、それ以外のところでも、いちおう、「これはおかしい」という認定はしている。

基本的には、自分たちの教団本位で、利己主義的な動きをしていて、個人の人権っていうようなものを無視してるところが大きいっていうことだよね。

まあ、このへんのところはあるんじゃないかなあと思うけどねえ。

## 統一教会が付け込《こ》んだ『聖書《せいしょ》』編纂《へんさん》者の弱点

里村　もともと教祖の持っているイカサマ性のようなものがある宗教と、そうでない宗教との区別が、もうひとつついていないという……。

山折哲雄守護霊　うん。やっぱり、〝悪魔の言葉〟もあると思うんだよね。統一教会の「原理研《げんりけん》（原理研究会）」というのが、大学でもずいぶん流行《はや》りましたけども。まあ、『聖書《せいしょ》』のなかに書いてあるもののなかで、確かに隙《すき》として思われることもあるわねえ。「『神よ、神よ、何ぞ、われを見捨てたまいしか』とイエスは最後に叫《さけ》んだ」というようなことを書いたところがある。

これを見て、「これは偽キリストだ。イエスは預言者だったけど、そんな救世主なんかじゃなくて、最後は自分の命乞《いのちご》いをした。神様を信じないで去った。だから、本物じゃなかったんだ。その代わりに、今、本物のメシアが登場したんだ」というように、キリスト教の『聖書』編纂《へんさん》者の弱点と思われるところ、要するに、悟《さと》ってなかったと思われるところを見事に攻め込《せこ》んでくる。

そこを言われると、何となく、そんなような気がするじゃないですか。そこに付け込んで広げてるところがある。「だから、今のメシアこそ本物だ」っていうことでね。

これは、なんか「韓国」と「日本」の戦い、喧嘩《けんか》みたいなのを代理でしてるような面も多少あるかもしれない。

ただ、まあ、思想として全部が間違ってるとは言えないと思うし、ほかの宗教に対して、そう悪く言わないのも、いいところではあると思うんだけど、うーん、根本的には間違っているんじゃないかねえ。そう思いますね。

日本では、むしろ、あそこだけが伸《の》びて、ほかの既存《きそん》の伝統キリスト教が伸びないからね。統一教会だけ、ゴリゴリやって増やしてるから。

里村　うーん。

山折哲雄守護霊　だから伝統キリスト教会は、やっぱり敵視して、脅威《きょうい》を感じてるし、バチカンも脅威を感じておりますからねえ。

そういう脅威を感じてる立場にいる人から見れば、「幸福の科学だって、あるいは同じようなものじゃないか」と。いつ仏陀からキリストに乗り換えて、「キリストの生まれ変わりだ」って言い出すか分からないようなところはあるし、キリスト教会も乗っ取りにかかってくるかもしれないっていう恐怖《きょうふ》はあるんだろうと思いますけどね。

## 4　マスコミも大川隆法の預言者的資質を認めている

### これだけ内容を公開してマスコミの批判に堪《た》えるのはすごいこと

山折哲雄守護霊　やっぱり、島薗《しまぞの》先生（守護霊）もおっしゃってたように、教祖の見識の部分っていうのがあるんじゃないですかね。

これだけ内容を公開して、マスコミの批判に堪《た》えているっていうのは、やっぱりすごいことですよ。悪口専門のマスコミに、これだけ内容を公開している。これは、会員さんに公開しているのと同じ内容ですからね。これで、社会現象としては、もうある程度受け入れてきているわけですから。あの世を信じていない宗教や、霊《れい》を信じていない宗教でも、社会現象としては受け入れざるをえないので。

まあ、本の好き嫌《きら》いはあろうけれども、広告とかは載《の》ってますよね。ほかの統一教会だとか、こんなようなところの本の広告は載らないですよ。

やっぱり、彼らの倫理《りんり》基準に引っ掛《か》かっているからね。オウムだって、とうとう載らなかったからね。

里村　ええ。

山折哲雄守護霊　新聞広告が載らなかった。だから、事件が起きる前に、すでに、「ここは怪《あや》しい」っていう一種の倫理チェックが働いてはいたんでね。

幸福の科学のは、九〇年ごろ、読売新聞に全面広告が載ったりもしてましたですけど……。

小林　ええ、そうでしたね。

山折哲雄守護霊　ある程度、そういう社会現象を記者たちが見て、営々《えいえい》と信用を積み重ねてきているところはあると思うのね。

だから、九一年のフライデー事件等のときに、まあ、一時期、（幸福の科学に）危機はあったと思うけれども、今年の「理研《りけん》の小保方騒動《おぼかたそうどう》」を見たら分かるように、マスコミにはああいう〝マッチポンプ〟をしたりするところがありますし、朝日新聞でさえ、周りに囲まれて、叩《たた》かれて、潰《つぶ》されそうになるような、こういう〝共食《ともぐ》いの世界〟でもあるんでね。

そういう意味で、九一年からあとも、批判を書く人がちょっとは出たかもしれないけど、大まかには受け入れているというか、その大枠《おおわく》のところのマクロ判断はみんな、だいたいできてるんじゃないかな。

まあ、好き嫌いは……、ちょっと距離《きょり》はあると思うけどね。

このへんは、やっぱり、だいぶ違《ちが》うんじゃないかねえ。日本のマスコミが全部間違ってなければだけどね。うーん。

小林　はい、ありがとうございます。

## オウム事件以降、大半の大学が宗教活動を制約する状態

小林　今おっしゃったように、一部に変な宗教もあるのは事実ですけれども、今、日本の大方の大学が、宗教あるいは新しく出てきた宗教には、一律に、「伝道禁止令」とは言いませんが、活動の制約をかけてきている現実があります。

山折哲雄守護霊　ああ、そうねえ。

小林　要するに、内容の判定をせずにですね。このあたりに関して、宗教学者として山折先生はどのようにご覧になっていますか。

山折哲雄守護霊　いや、オウム以降は、反動がかなり……。もともと昔からありましたけど、まあ、犯罪まで行ったからね。単に被害《ひがい》が出るっていうだけじゃなくて、殺人事件まで行ったから。それもあるから、「疑わしきは罰《ばっ》す」っていう状態になって

ますね。

一般《いっぱん》には、宗教活動をやると学業ができなくなる面もあるから、その意味では、「善悪は関係ない」っていう部分も多少はあるのかもしれないけども。校内放送でねえ、「宗教の勧誘《かんゆう》に気をつけてください」なんて言う大学もあると聞いてはおりますけどね。まあ、そういう意味ではやりにくいでしょうねえ。「この宗教はオッケーです」「ここは駄目《だめ》です」みたいなのを貼《は》り出したら、これもまた、それなりに大変でしょう。これも難しいからねえ。

だから、うーん、宗教系じゃないところは全面禁止するし、宗教系のところは、自分の宗派はもちろんいいけど、「ほかのものは、やってもらったら困る」って言ってくるということだよねえ。

その間で、幸福の科学が「自分のところの宗教で、大学をつくらせてくれないか」と言っているのを受けるかどうかっていうところだよねえ。逆に言えば、そらあ、「うちの大学を認めてくれなかったら、各大学でやるぞ。一生懸命《いっしょうけんめい》、ワーッと伝道やるぞ」って言うかもしれないけどねえ。

## 5 「真理に殉《じゅん》じる姿勢」と「心の広さ」

### 「天下公知《てんかこうち》」のものとなりつつある、大川隆法の預言者的な能力

山折哲雄守護霊　今、社会的に見て、（幸福の科学の）判断力がマスコミの上を行っているところはだいぶあるんじゃないですかね。全部がどうかは私も知らないけども、新聞社等もそうとう動いているし、テレビとかもあるけど、でも、結局、大川さんが言っている方向に社会が動いているように見えるんだよねえ。言っていることは不思議な感じがするけども、一見、正論だと思ったものが引っ繰《く》り返っていっているから。

いまだに、「憲法九条の会」もあれば、平和運動もあるし、原発反対？　それから、沖縄米軍基地《おきなわべいぐん》撤去《てっきょ》を言っている人もいるし、広告を打ったり、ノーベル賞を取ったりした人が出てきたり、女優の吉永小百合《よしながさゆり》さんなんかを引っ張り出したり、元首相とかを引っ張り出したり、いろいろやっているけど、まあ、大川さんのほうはまったく動

じないでやっておるわね。

でも、結局、政権のほうは、基本的にそっちのほうの流れになっているから、ある意味で、「預言者的な能力」として持っていることを、時系列のなかで示していると ころはあるんじゃないでしょうかね。

これは、ほかの宗教にはなかったものが明らかに出てきていて、「天下公知《てんかこうち》」というか、みんなが知っていることですよね。

小林　ああ、なるほど。そうですよね。

山折哲雄守護霊　だから、今、自民党も小渕《おぶち》さんの娘《むすめ》さん（小渕優子《ゆうこ》）あたりが経済産業大臣になってねえ、やっと、「川内《せんだい》原発等、原発再稼働《かどう》の話し合いをしなければいけない」と言ってるけど、幸福の科学からだいぶ遅《おく》れてるよね。かなり遅れてるよね。それは、そうとう早い段階で言っていた。

小林　そうですね。

山折哲雄守護霊　でも、自民党は、公約で言ったら選挙で負けるから逃《に》げてた。そういう卑怯《ひきょう》な部分があったところに対して、「勝ち負けに関係なく、言わなければいけないところは言う」というところはやっている。これは、ある意味では政治活動のように見えながら、やっぱり宗教活動だと思うんですよね。

小林　はい。なるほど。

山折哲雄守護霊　だから、あなたらが「真理のために殉《じゅん》じる」っていうのは、これ、宗教活動だと思いますすね。
（大川隆法は）このへんのところの損得勘定《かんじょう》は十分にできる方だとは思うけども、あえて無視してやってるわね。そういう吉田松陰《よしだしょういん》的なところをちゃんと持っている。
だから、「自分たちの利益のためだけにやっているわけではない」っていうのは明らかで、「この国のあり方や国民の未来を考えて、あえて憎《にく》まれ口でも、嫌《きら》われることでも言う」っていうところはある。

## 大川隆法を現代日本における「賢人《けんじん》」と考える理由

山折哲雄守護霊　それから、何と言うか、徹底《てってい》的に裁きすぎないところを持っているよね。「これは全部悪だ」って、そういう好き嫌いで考えていないところはあるよね。そういうところがあるので、私は、今の日本には非常に合った宗教なんじゃないかなと思うんだ。

例えば、浄土真宗《じょうどしんしゅう》みたいなところに「一定の勢力がある」とはいっても、日本の宗教が全部浄土真宗になったら、やっぱり困るだろうとは思うのよ。

小林　ええ。はい。

山折哲雄守護霊　やっぱり、この一つの教えで統一されたら、「そうは言っても、ほかの教えもあるでしょう」っていう、ねえ？

小林　そうですね（笑）。ええ。

山折哲雄守護霊　「それだけじゃないでしょう？　『悪人こそ救われる』『南無阿弥陀《なむあみだ》仏《ぶつ》だけ言ったら、天国に行ける』。あるいは、『それを言う前に、もう救われている』。これだけでいいんでしょうか」（笑）って、やっぱり、それはあると思う。まあ、私は、あんまり宗派批判をしちゃいけない立場ではあるけどね。そういうところはあると思う。

天皇制のところも気にはしてたんだけども、私のほうは心配して、いちおう自分なりの意見で、「ご退位したらどうですか」とかいうようなことを、ちょっと言いました。まあ、多少、たしなめられたところもあったけども（前掲《ぜんけい》『守護霊インタビュー皇太子殿下《でんか》に次期天皇の自覚を問う』参照）、あのへんから見れば、（大川隆法が）「日本神道《しんとう》の流れや天皇制、国体そのものを破壊《はかい》するような気持ちで『革命、革命』と言っているわけではない」ということは分かるよね？

その意味で、うーん……、今の日本では、どの人が賢人《けんじん》かは知らないし、「三賢人」なんていうのがいるのかどうか知らないけど、そういうものを選ぶとしたら、絶対に入ってくる人なんじゃないかねえ。うん。そんなふうに思いますけどね。

小林　基本的に、新しく出てきた宗教ではあるんだけれども、破壊する側ではなく、創る側であるといいますか、「保守」という言い方もあれなんですが、要するに、その責任を負う側の……。

山折哲雄守護霊　両方あるね。「保守」もあるし、新しいものをつくろうとしているから、「革新」の部分もあるわねえ。やっぱりね。

小林　ええ。

山折哲雄守護霊　うーん。大川さんの偉《えら》いところは、まあ、何て言うか、原発に反対している人たちの気持ちも分かってはいるんだよ。分かってるのよ。

ほかの代替《だいたい》エネルギーでも、ちゃんと安全にやれるなら、別にやっても構わないと思うが、それは、今の国情でできないことを十分認識した上で、「国家の危険を考えたら、今は、これは捨ててはいけない」という結論をはっきり出しているという。

まあ、法学部的なのかもしらんけど、比較衡量《ひかくこうりょう》して結論を出しているので、いわゆる、単なる感情的な反対とか賛成ではないところがあるんですよね。

だから……、そういう意味では、何て言うか、うーん……。私だって、まあ、批判されることもあるけど、（霊言《れいげん》で）こういうふうに呼んでくださることもある。このへんの「心の広さ」をお持ちだわねえ。

## 6 「悟《さと》り」は文献学《ぶんけんがく》ではつかめない

### 「一定の宗教教育を求める信者子弟《してい》がいるなら、国は希望を叶《かな》えるべき」

小林　そうしますと、これは、ある意味、文科省のほうへのメッセージになるかもしれないんですが……。

里村　山折先生がご覧になって、今、日本で、新しい宗教系の大学ができることの必要性をお感じになっていますか。

山折哲雄守護霊　うーん……。まあ、もちろん、それぞれの宗教の実力によるでしょうねえ。

怖《こわ》がる人だったら、「もし、これを一つ認めたら、新宗教（の大学）を全部認めなければいけなくなるか」と思うと、「日本に、洗脳するような大学ばかりがいっぱい溢《あふ》れたら困る」と考えるわけだ。ほかにも金を持ってるところはあるかもしれないので、そういうのがいっぱい出てきたときにどうするんだという問題はあるからね。

もし、遡《さかのぼ》って、「オウムに大学があったら、どうなる」とか、そういうこともあるし、まあ、ヤマギシ会みたいなところだって、学校を認められないでね、山のなかでやってたけど、反対運動が強いので、学校を認められないで見送った経緯《けいい》とかあるよね。だから、(幸福の科学学園は)中・高のところはできているけど、大学になると、全国的にインパクトがあるので、ほかの宗教がうらやむのは、もう確実だよね。

それが分かっているから、それだけの差別化、違《ちが》いがあることを国家が認めたという批判をするところも出てくるから、それに堪《た》えられるかどうかという部分はあると思うんだけど。基本的には、自分たちの信者子弟《してい》がね、「一定の宗教教育のなかで勉強したい、学問をやりたい」という希望を持っているっていうなら、それは叶《かな》えてあげるのが、やっぱり日本の今の国体なんじゃないんですかねえ。

里村　なるほど。

## 無霊魂説《むれいこん》の宗派が「死者の魂《たましい》を供養《くよう》する」のは詐欺《さぎ》

山折哲雄守護霊　政府のほうの実質審査《しんさ》でもって、「いい宗教か、悪い宗教か」みたいな判断をして、それでやるっていうのは、まあ、「全部の宗教をオウムと同じにすること」と、ほとんど一緒《いっしょ》ですからね。それはやっぱり、おかしいかもしれないし、すでに大学を持っている旧《ふる》い宗教だって、現実に、今、有効かどうか、その教義が人を救う力があるかどうか、怪《あや》しいところもあるわねえ。

例えば、幸福の科学の教えによれば、「人間は死後も魂《たましい》は生きていて、あの世の実在世界で生きている」ということだよね。これは別に、宗教的にはおかしいことじゃなくて、まあ、多数派のほうにちょっと近い考えだと思うけども、これを批判・否定している宗教学もあれば、それを否定している宗派もあるわけで。そういうものを否定している宗派が大学を持っている場合もあるわけですけど、そこで僧侶《そうりょ》を養成して、「人間は死ねば終わりだ。魂はなくなる」という無霊魂《むれいこん》説でも「法事《ほうじ》をせよ」っていうのは、もう、これこそ詐欺《さぎ》罪に当たる可能性が……。

小林　そうですね。ええ。

山折哲雄守護霊　これは、やっぱり、「職業的倫理《りんり》に反している」というか。心の痛みがなかったら、そこにあるお墓は、いったい何なわけ？

里村　うーん。

山折哲雄守護霊　お寺がそのお墓を守ってて、そして、一年目の供養《くよう》から、三年、七年供養をやっている。「これは全部詐欺か」っていうことですね。

それで、「救われるために法名《ほうみょう》をあげているとか、お経《きょう》をあげているとか、これは全部嘘《うそ》か」というと、「ほかもやっているからやっているだけです」っていうなら、「ほかの〝コンビニ〟で売っている商品、売れ筋《すじ》の商品は、うちでも売っています」というだけのことでね。

今、大きな伝統宗教は、コンビニぐらいの数、一万からあるからね。「ほかの〝コンビニ〟にあるものを売ってないと、やっぱり負けるでしょう」みたいな、「よそが夏、アイスクリームを売り始めたから、うちも売り始めます」みたいな感じだけでやってて、「教義的には正しいと思ってないけれども、やっている」っていうなら、どうなんですかね。

無霊魂だったら、別に供養する必要もないわね。

小林　そうですね。

山折哲雄守護霊　だけど、実際はやっているわね。

小林　ええ。

山折哲雄守護霊　やっぱり、これ、矛盾《むじゅん》はあるよね。本当のことを言えば、そういうところだって、審査的に見れば間違っているかもしれない可能性を含《ふく》んでいるわけだけどね。まあ、これは、素人《しろうと》があまり口出ししちゃいけないから、そこまで言うべきではないとは思いますけど。

## 「霊言《れいげん》は学問性に反する」という考えでは世界中の宗教を敵に回す

山折哲雄守護霊　だから、古いから全部正しいわけでもないし、新しい宗教だって、正しいものは正論を言っている場合もあるわけですね。今言ったように、霊魂《れいこん》もないのに供養するって、おかしいですよね。

「遺族の感情を守るため、慰撫《いぶ》するためだけにやっている」みたいな、これで全部通用するとは思えないし、今の欧米《おうべい》の医学や科学の進化によって、「人間は全部、脳の機能でやっている」みたいな考えで見たり、あるいは、「超能力《ちょうのうりょく》や霊能力《れいのうりょく》も脳の機能だ」と思ったり、あるいは、「ＤＮＡみたいなものが魂だ」みたいなことを言ったりもしているけども、いやあ、そんなに簡単には受け入れられませんよ。

里村　うん。

山折哲雄守護霊　これはね、いろんな宗教を見てきた人からすれば、やっぱり、過去の宗教の教祖たちにも、霊体験をいっぱいしたという方や、霊能者だったという方はたくさんいますし、実際に、死んだ人の魂、あるいは神様と交流したということで、教えを説いているわけです。

幸福の科学が霊言集《れいげんしゅう》をずっと出している意味も、「死後の世界があって、死後も命があるということを知った上で、この世をちゃんと正しく生きなさい」ということを教えているんでしょう？

だから、「霊言集を出していることが学問性に反する」みたいな考え方を、もしも例えば、教育当局や、宗教学をかじったような人が言うとしたら、それは、やっぱり、世界の宗教を全部敵に回すことになると、私は思いますよ。

小林　そうですね、ええ。なるほど。正統な宗教学から見たら、まさに正統なことを幸福の科学はしていると……。

文献学《ぶんけんがく》や考古学で「宗教的悟《さと》り」や「尊さ」を定義することはできない

山折哲雄守護霊　うん。まあ、しょせん、マックス・ミュラーとかそのあたりのやつ……、要するに、霊能力のない、そういうのをよく分からない人たちが、文献《ぶんけん》だけで言語学的にだけ、古い宗教を分析《ぶんせき》しようとしたのかな。そんなような感じでやるほうが、文人《ぶんじん》はやりやすいからね。

だけど、「悟《さと》り」っていうのは、そんなものではないじゃない？　悟りは、文献学じゃないでしょ。だったら、「不立文字《ふりゅうもんじ》」が成り立たないよね、悟りはねえ。

里村　なるほど。

山折哲雄守護霊　文献学は一つの手法であってね。より古い層からお経を取り出して選ぶとか、そういう文献学や考古学的な分析もあるけど、それは一つの手法であってね。

それは、土を掘《ほ》って、凍土《とうど》のなかからマンモスの牙《きば》が出てきたら、「マンモスというのはいただろう」ということは、だいたい確定はできるけど。今遺《のこ》っているお経がいろいろ変化しているのは分かっていたとしても、「古い層から出てきたから、これが正しい」っていうだけの学問であったら、どうなのかね。唯物論《ゆいぶつろん》の学問はしかたないけど、精神性のあるものとしては、やっぱりさみしいわな。

「縄文式《じょうもんしき》の時代に、現在のマイセンの陶器《とうき》が出てきた。これはおかしい。うーん、そんなはずはない。これはありえない。誰《だれ》かがこれを割って埋《う》めたな」っていうようなものは、疑われて当然ということはあるけどね。

まあ、そういう精神性を言うものについては、最後はねえ、「悟りの世界」は自分も精神性を高めなければ理解できないんであって、やっぱり、言ってはならない領域があるんじゃないかねえ。

小林　ありがとうございます。まさに、宗教学的に見ても、文献学や考古学的な面のみに頼《たよ》るのは、要するに……。

山折哲雄守護霊　オールマイティーじゃない。決してオールマイティーじゃない。そんな文献学だけでいったら、日本神道《しんとう》なんていうのも、どうしようもないですよ。「なぜ伊勢神宮《いせじんぐう》が偉《えら》いか」なんて、文献学的には全然分からないですよ。さっぱり分からない。去年かねえ、伊勢の遷宮《せんぐう》で、一千二百万もの日本人、まあ、外国人もいるかもしらんけど、一千万人以上も伊勢神宮に参拝《さんぱい》したといっても、そもそも、「伊勢神宮とは何か」と、教義論的、学問的に伊勢神宮の定義をし、教えの定義をし、その神様の定義ができるかといったら、できないですよ。なかの人も、たぶんできない。

小林　はい。

山折哲雄守護霊　でも、建っていますから、ああいう（笑）。

それこそ、「建っています」っていうことだけでしょ？　だけど、みんなで手を合わせて、お辞儀《じぎ》しているその姿からすれば、何らかを感じてはいるわけでね。それは、言葉で説明はできないけど、「何らかの尊いもの、この日本の国を守っているものがある」というのを感じて参拝しているわけでしょ？　だから、それはそれで認めなければいけないわけでね。

これは、文献学には何の関係もないことですよね。何にも関係ないですよ。ただ、その尊い気持ちは捨てられないっていうところだよね、うん。

小林　ありがとうございます。

## 7　幸福の科学大学ができるのは時間の問題

### 宗教のなかにあるジャーナリズム的なものを認めるマスコミ

小林　少し前のほうのテーマに戻《もど》りますけれども、要するに、大川隆法総裁のなかの、いわば預言者的資質についてですね。結局、言っていることが当たっていくという、その洞察《どうさつ》が真実を当てていく、つかんでいるという預言者的資質のなかの「予言者」という面について、「マスコミのほうは感知して、分かっているぞ」ということをおっしゃりたかったように聞こえたんですが。

山折哲雄守護霊　うん、そうそうそう。

小林　そういう理解でよろしいでしょうか。

山折哲雄守護霊　（マスコミは）分かっているんじゃないですか？　もう分かってますよ。だから、広告を打っているんでしょ？

小林　ええ。

山折哲雄守護霊　彼らも、ちゃんと追っているから。いろんな事件から、いろんなものを分析《ぶんせき》しているし、政治家の嘘《うそ》も、全部、一生懸命《いっしょうけんめい》に探究して調べて、裏を取ったり、いろいろしてやっている。（大川隆法は）ずーっとやってきて、普通《ふつう》の政治家よりも、はるかにクリーンにやっているわねえ。言っていること、嘘をつかないで、クリーンにやっているし、実際に責任を取ろうとしているし、そういうことがある。

まあ、記事だって間違《まちが》いはあるからね。そういう誤差はあることを、みんな知ってはいるけども、そういうことを全部入れた上で、やっぱり、宗教ではあっても、宗教のなかにある一種のジャーナリズム的なものも認めているんじゃないでしょうかねえ。

小林　認められていると。

山折哲雄守護霊　真実を探究しようとしているっていうか、正義を探究しようとする姿勢でしょう。これでしょ？

里村　はい。

## マスコミの〝教祖〟は、真実を明らかにするソクラテス

山折哲雄守護霊　だから、マスコミの〝教祖〟は分からないけども、ある意味ではソクラテスかもしれないね。ソクラテスは、議論をして、ディベートして、相手の間違いを明らかにして引っ剝《ぱ》がしていって、その罪により、最期《さいご》は死刑《しけい》になったわけだけど、この間違いを引っ剝がしていくっていうのは、実は、マスコミの本性《ほんしょう》じゃないですか。ね？

だから、「間違い、真実は何か」って提示するのは難しいけれども、間違っているもの、ごまかしているもの、嘘をついているものを引っ剝がしていく過程で、真実が明らかになってくるという。この「ソクラテス的な対話術」は、そういう取材とよく似た感じなのでね。まあ、あえて、マスコミ学に祖があるとすればソクラテスだと、私は思うんですよね。

小林　うーん。なるほど。

山折哲雄守護霊　ある意味で、ソクラテスの手法を幸福の科学もちゃんと使っていると、私は思う。だから、その意味で、感じるっていうか、同通するものがあるんじゃないでしょうかね。

小林　ええ。その意味で、マスコミがそういう見方をしているということを、やはり文科省にはよくご理解いただく必要があると。

山折哲雄守護霊　うーん。文科省の人たちは、もう、守り一本だからねえ。役人の本性からいえば、とにかく、守って守って守って、定年までいられればいいんだから。

里村　はい、分かりました。

## 「補助金の有無《うむ》」で大学としての正当性を決めるのは間違《まちが》っている

里村　今日は、島薗《しまぞの》先生と同じように、初期のころから幸福の科学をご覧になって、いろいろとコメントをしてこられました山折先生の守護霊様から話をお聞かせいただきました。

山折哲雄守護霊　うーん。でもね、大学審査《しんさ》で意見をつけられたり、いろいろと味噌《みそ》をつけられたり、あるいは引き延ばされたり、いろいろすることがないとは言えないけども、そんなことで、あんまりがっかりしないでね。

宗教としては、君たちはちゃんと大成しているので、このままでも国民を啓蒙《けいもう》できているからね。「この世的な機関で、もう少しきちんと教えられるようにしたい」というだけの願いなので、それが却下《きゃっか》されたとしても、宗教として駄目《だめ》だと言われたわけではない。そのへんは、やっぱり、彼らのほうに責任があると思うので。

まあ、それは、ちょっとこの世的な〝あれ〟で、例えば、「政党助成金をもらっていないものは政党ではない」なんていう、ああいうのはおかしいよね。君らの政党のとき（二〇〇九年、幸福実現党立党時）にも言ったようにね。ああいうのは、わざと排除《はいじょ》するために、報道させないようにするためにやったとしか、今、思えないよね。

政党助成金をもらっていることが「政党の条件」なんて、そんなの、おかしいですよ。明治時代の板垣退助《いたがきたいすけ》にでも何でも訊《き》いてくれよ。そんなのは関係ないよ。特定の政治思想の下《もと》に同志が集まって政治運動をやったら、そらあ、政党ですよ。国家から補助をもらっているかどうか、そんなのは関係ありません。明治時代の人に訊いたらいいよ。

それと同じですよ。『大学』は、孔子《こうし》様の教えが説かれた本のなかにもありますけれども、「文科省から補助金が出ているところが大学」という定義では絶対に納得《なっとく》しませんよ。絶対にそれでは納得しない。大学っていうのはそんなものではありません。

やっぱり、「ちゃんとした思想家、学問をやる人がいて、それを教える機関がある」ということであって、それをどういうふうに扱《あつか》うかというのは別問題。それはこの世の次元の問題であるので、補助金の有無《うむ》が「大学として正当かどうか」の基準みたいになって、補助金の審査基準で中身を見るっていうのは、これはちょっと間違《まちが》っている考えだと、私は思いますね。そんなの、全然気にしないでいいですよ。

政党のときも、「補助金が出ていないから報道しない」とかいって、テレビとか新聞に出さないで、けっこう意地悪したよね？　これは公平な国家じゃないと思うね。

これと同じようなことで、「学問じゃないから」ということで排除しようとする動きも、一部にはあるのかもしれないけども、「学問ではない」といっても、宗教として間違っているわけではありませんから。それは、「宗教にも学問性がある」という主張をしているだけで、それが説得できるかどうかをやっているんだとは思うけど、宗教としては十分な実績を積んでいますので、それを気にしないで、そのままやり続けたらいい。

## 「いずれ学校ができるのは時間の問題」

山折哲雄守護霊　まあ、学校ができるっていうのは、時間の問題ですからねえ。どうせ、いずれはできるんだから、それを延ばせるかどうかだけの戦いで、延ばすか延ばさないか。

国の財政事情もあろうし、面子《メンツ》もあろうし、まあ、いろんなものがあって、延ばせるかどうかだけの問題と、「マスコミが悪口を言うか言わないか」とか、そういうものも見ながら、誰《だれ》が判断するかの問題だろうけど、いずれ、できるのは確実ですよ、いずれね。

だけど、この速さで申請《しんせい》してくるということは、日本の国では非常に脅威《きょうい》であるのね。それはそれは、特別なものであることは事実です。みんながそのへんにショックを受けるほどの速さであるので、それに堪《た》えられるかどうかというところを、今、審議会では慎重《しんちょう》に議論して、いろんな手を使って、一生懸命に責任を分散しようとしてるんだけど。「みんなが多数決で決めたらいいんだ」とかいうことにしようとしてやっているわけだから、立場を守りたい彼らの気持ちはよく分かるけど、大枠《おおわく》、先は見えているので。

ただ、ほかの宗教の嫉妬《しっと》とかもあるかもしれない。政治家は、ほかの宗教からも票をもらっているからさ。そこからいろいろと突《つ》いてこられるのが嫌《いや》だろうから、そのへんを説得できるかどうかとか、いろんな計算が働いているところだと思うのね。だけど、まあ、宗教としては押《お》していけるし、もう時間の問題だから、あんまり気にしないでやっていかれたらいいんじゃないかね。

里村　はい。分かりました。本日は、まことにありがとうございました。

山折哲雄守護霊　はい、はい。

大川隆法　基本的には「性善説」の人ですね。

里村　はい。

# 第3章

## 井上《いのうえ》順孝《のぶたか》氏守護霊《しゅごれい》から観《み》た幸福の科学

二〇一四年九月六日　収録

東京都・幸福の科学　教祖殿《きょうそでん》　大悟館《たいごかん》にて

井上順孝《いのうえのぶたか》（一九四八〜）

日本の宗教学者。東京大学文学部卒業、同大学大学院人文科学研究科博士課程中退。東京大学文学部助手、國學院《こくがくいん》大學日本文化研究所講師、同教授を経《へ》て、二〇〇二年より、國學院大學神道《しんとう》文化学部教授を務める。近代の宗教運動の比《ひ》較《かく》研究や、宗教教育に関する調査・研究も行った。二〇一一年には、日本宗教学会の会長に選出された。

質問者　※質問順

里村英一《さとむらえいいち》（幸福の科学専務理事〔広報・マーケティング企画《きかく》担当〕）

小林早賢《こばやしそうけん》（幸福の科学広報・危機管理担当副理事長 兼《けん》 幸福の科学大学名誉《めいよ》顧問《こもん》）

［役職は収録時点のもの］

## 1 「宗教学者」も「宗教家」と同じ立場にある

大川隆法　では、井上順孝《いのうえのぶたか》さん（守護霊《しゅごれい》）にも少し話を訊《き》きますか。

里村　はい。よろしいでしょうか。

大川隆法　ええ。彼は、日本宗教学会の現会長ですか。

里村　はい。会長です。

大川隆法　國學院《こくがくいん》大學神道《しんとう》文化学部教授ですね。國學院ですから、神道が中心ですけれども、いちおう、ほかの宗教についても束ねる立場にいると思います。

里村　はい。

大川隆法　（合掌《がっしょう》し）では、宗教学者・井上順孝さんの守護霊をお呼びし、幸福の科学についての感想をお聞きしたいと思います。

井上順孝さんの守護霊よ。

どうぞ、幸福の科学　教祖殿《きょうそでん》に降りたまいて、そのお考えを明らかにしたまえ。

（約十秒間の沈黙《ちんもく》）

## 「宗教学者も、君たちと同じ立場にある」の真意とは

井上順孝守護霊　うん。

里村　井上先生の守護霊様でいらっしゃいますか。

井上順孝守護霊　「宗教学者の守護霊霊言《れいげん》をやろう」っていうのは、いい度胸だよねえ？

里村　いやあ（苦笑）。

井上順孝守護霊　いい度胸だと思うよ。君たちにとっては、いちばん〝危険な種族〟だよね？

里村　特に、現在、井上教授は、日本宗教学会の会長をしておられますので……。

井上順孝守護霊　そうなんだよ。いちばん危険でしょ？　もし、私が、君らに対して、イスラム教の審査《しんさ》みたいにねえ、「ああ、これは駄目《だめ》」というように言ったら、どうするんだよ。大変なリスクだよ。やらないほうがいいんじゃない？

里村　いえいえ。

井上順孝守護霊　うん？

里村　私たちは、井上先生のお仕事をずっと見させていただいていますが、先生は、個別の宗教云々《うんぬん》というよりも、「宗教が社会に、どう受け入れられているか」とか、「学生のなかでは、どうか」とか、そのように、「宗教と社会とのかかわり」の部分などの調査をかなりされていますので、ぜひ、そういうお立場から、「幸福の科学がどのように見えているか」と……。

井上順孝守護霊　それが日本宗教学会の公式見解になっちゃうじゃない？

里村　いえいえいえ（苦笑）。守護霊様の立場ですので、公式見解ではありません。

井上順孝守護霊　大変だ、大変だ。大変だよ。

里村　守護霊様の見解ということで……。

井上順孝守護霊　責任が重くて、私は、もう辞職しなければいけないかもしれないわねえ。

小林　では、最初は、〝少し手前のあたり〟から、質問をさせていただきます。

二十年以上前かと思いますけれども、私は、先生の研究室にお伺《うかが》いしたことがありました。そのとき、部屋へ行かせていただいて、非常に印象に残っているのが、霊的な関係の本が部屋中にズラーッと並んでいたことです。それで、「ああ、この先生は、こういう研究をされているのか」と思って、非常に印象に残っていたのですけれども、「霊的なことへの関心が、非常に高い」といいますか、あるいは、「そういったものに、よく通じておられる」といいますか……。

井上順孝守護霊　そりゃあ、宗教学者が買ってもいい本でしょうよ。ねえ？　まあ、買わない人もいるかもしらんけども（笑）。

小林　そうではあるのですけれども、まあ、論文では、多少、フィールドワーク的なところもいろいろと書かれていた先生ではあったので、「そのわりには」という言い方は変なのですが、霊的なところに関して、ずいぶんご関心があるように見えたものですから、そのあたりが、「非常に面白《おもしろ》いなあ」という印象を……。

井上順孝守護霊　だからねえ、宗教学者も、君たちと同じ立場にあるんだよ。君たちも、宗教現象、霊現象みたいなのを、世に認知してもらうのに、非常に苦労してるとは思うんだけどね。宗教学者も、霊的なもの……、まあ、例えば、そういう霊的な本をたくさん読んでますよ。ほとんどの人は、表に出せないような、怪《あや》しい本もたくさん読んでると思います。学術論文に、ほとんど反映できないような種類の本まで読んでると思いますよ。みんな、そういうのが好きは好きだから読んでる。

読んでるけど、周りの人に、それを学問として信じてもらうためには、やっぱり、何らかの方法論が必要で、合理的で論理的な説得の仕方とか、そういうものを少し、してみせなければいけない。その意味で、この……。

いや、もう、本当は大変なんだよ。本心では、「こういうように書きたい」というのがあるんだけど、それを押《お》し殺して、「いかにも学術的に見えるように書くには、どうするか」という……。まあ、私は、君らとまったく同じではあるんだけども、カミングアウトできない種族なんですよ。つらいんですよ。

それをやると、「学界、いわゆる、学問の世界からは出て、どうぞ現実の宗教の世界のほうで生きてください」って言われかねないからねえ。

里村　はい。

## 幸福の科学の取り組む「日本神道《しんとう》の高等宗教化」を喜ぶ井上氏守護霊

小林　ただ、そういう素地《そじ》を持っておられる先生であればこそ、結果として、いろいろな宗教から出てきたものを見たときの、見え方や違《ちが》いというものがお分かりになるのではないかと思うのですが、「そういった目で見て、幸福の科学が、どのように見えるか」という……。

井上順孝守護霊　まあ、私は、國學院にもいますので、日本の神道《しんとう》とかの勉強はしてますが、文献学的《ぶんけんがく》に言っても、神道のほうは、もう厳しいですよ、はっきり言ってね。私たちを納得《なっとく》させてくれるようなものが、あんまりないし、ほとんどが、儀式《ぎしき》程度の問題です。あるのは儀式ぐらいですよね。

里村　ええ。

井上順孝守護霊　目に見えるものは儀式ぐらいしかないので、習俗《しゅうぞく》といわれることは、よくあるね。まあ、これを宗教だとは思ってますけど、基本的なこと、つまり、教祖や教義について、もっと知りたいですよね。本当は知りたいけど……。まあ、今、あなたがたが、〝斬《き》り込《こ》み〟に入ってるところだと思うので……。

里村　はい。

井上順孝守護霊　なんか、今、「日本神道の高等宗教化」を進めてくださっているそうなので……。

小林　ええ、そうなんです。

井上順孝守護霊　それは、「うれしいな」とは思ってます。

小林　大学化した暁《あかつき》には、そのあたりの研究が、急速に進むのではないかと思うのですが……。

井上順孝守護霊　ああ、それは、うれしいですよ。迷信《めいしん》だと思われてるところがあるのでね（苦笑）。〝迷信学部〟、〝迷信学科〟と思われてるところがあるので、私たちは、そう見られないようにするために、無駄なエネルギーをずいぶん使ってる。

そういう意味で、「阿波踊《あわおど》り」みたいに、「踊る阿呆《あほう》に、見る阿保」で、勝手に踊っていればいいのではなくて、表の社会で通用するようにするために、「きちんとした社交ダンスみたいに見えなければいけない」というような、そういうルールを自分たちで当てはめて、やってるところがあるのでねえ。

だから、まあ、そりゃあ、つらい立場は一緒《いっしょ》だよ。

そういう霊の本をたくさん読んでも、「好きです。大好きです。私は、霊が大好きよ」っていうコマーシャルをやるわけにはいかないし、できないっていうところがあるんですよねえ（苦笑）。

## 本当は「聖なるもの」に対する理解がない人に腹を立てている

里村　先生は、お立場相応に、発言に気をつけておられると思うのですけれども……。

井上順孝守護霊　そうです、そうです。

里村　私は、実際に、地上の井上先生と話をした者から聞いたのですけれども、「幸福の科学から出ている、大川総裁による各種の霊言については何とも言えないが、宇宙人のところは、もっと難しい」というようなことをおっしゃっていたと……。

井上順孝守護霊　それは、普通《ふつう》でしょう。普通なんじゃないんですか。

里村　ただ、霊言など、そういったものについては、やはり、大きなご関心がおありですか。

井上順孝守護霊　だって、実際上、（霊言は）日本神道といわず、ほかの宗教にもあったでしょう。それはありましたから……。

里村　はい。

井上順孝守護霊　「週刊新潮《しんちょう》」あたりが、（霊言について）「イタコ商法だ」とか言って、からかってるけど、イタコさんに、こんな本が書けるわけないじゃないですか。それは、宗教学者から見ても、ちょっと腹の立つ言い方ですよ。あまりにもバカにしてるし、そもそもイタコをバカにすること自体も許されないことだと思います。

里村　なるほど。

井上順孝守護霊　そういう、目が見えなくて、神霊《しんれい》能力を授《さず》かり、人の悩《なや》みを受けているような人には、真面目《まじめ》にやってる人だっているんだからね。やっぱり、イタコをバカにすること自体、許されないことです。

里村　ええ。

井上順孝守護霊　ましてや、これだけいろいろな講演もなされ、本も出されてる人に対して、もし、「週刊新潮」の、イタコ商法風にからかう与太《よた》記事みたいなものが、学術的なレベルの判定に使われるとしたら、それはやっぱり不幸なことだと、私は思いますね。

私には、日本宗教学会に身を置く者として、そういうものをたしなめるだけの勇気がないことを「恥《は》ずかしいな」と思う面はあります。

ただ、たしなめたい気持ちはありますけど、どのようにして、たしなめたらいいかがよく分からないので、「くそお、言ったな！」と思うんですけどね。そういうふうな言い方をされたら、やっぱり、「言いやがったな！」、「宗教をバカにしたな！」と思うよ。

そう思うところはあるけど、「聖なるもの」を理解しない者にとってはねえ、ご神《しん》体《たい》だって、ただの石ころに見えるわけだし、しめ縄《なわ》だって、ただの七夕《たなばた》の飾《かざ》りと変わらないように見えるわけでね。「聖なるもの」と見えるか、ただの飾りに見えるか、ご神体と見えるか、ただの鏡と見えるか。やっぱり、これは、価値観の問題です。

例えば、伊勢神宮《いせじんぐう》のご神体でも、「ただの鏡じゃないか」と言ったり、ほかのところのご神体でも、「ただの石ころじゃないか」と言ったりしてるようなところがあるけど……。

「そりゃあ、石ころかもしれないが、何か霊的な意味合いがあるのだ」と神主《かんぬし》が言っても、「どう見たって、ただの石ですよ。成分分析《ぶんせき》をしても、石以外の成分はありません。特別なもので出来上がっているなら信じるけれどもね」と言って、なかなか納得しないしね。

今の唯物論《ゆいぶつろん》も、そうでしょ？　「何とか神社に祀《まつ》られてる石を分析したら、地球上にはありえない、特別な成分で出来上がっていたから、なるほど、これはご神体になるだけのことはあった」とか、あるいは、「この石が変化をして、何か、いろいろな〝子供〟を産んだ」とか、「分かれた」とか、「増えた」とかいえば、これは大変なことですからねえ。

「そういうことでもあれば認めるけれども、そうでないのに、石ころをご神体として認めるなんて信じられない」とかね。

また、鏡をご神体というのは、「昔は、珍《めずら》しかったからでしょうよ。貴重品だから、そう言ってたんでしょう」とか、あるいは、「『心を映す』という程度のことを言ってるんでしょう」みたいな批判をするんだろうけど……。

私たちとしては、内心、ずいぶん悔《くや》しい思いをしてる。だけど、その悔しい思いを言葉に換《か》えて合理的に説得する材料が、あんまりないんだよね。

だから、古い文献とか、そんなものを引いてきたりすることになるけど、宗教系の文献は、なかなか……、まあ、外国のものはともかくとして、日本のものは、特に、信用性がとても低いのでねえ。なかなか悔しい。実に悔しい思いはしてるよ。

里村　なるほど。

## 2　宗教学者は幸福の科学がどうなるかを観察している

### 「幸福の科学が社会的にどうなるか」を傍観者《ぼうかんしゃ》の目で見ている

里村　ただ、たしなめるところまでいかなくても、逆に言うと、例えば、積極的に霊《れい》言《げん》という現象などを否定するような意見が、学者さんのほうから、あまり出てこないということは、暗黙《あんもく》のうちに……。

井上順孝守護霊　うん。だから、まあ、宗教には、いろいろなかたちがありえるけど、私たちには、「社会的にどうなるのか」を、傍観者《ぼうかんしゃ》の目で見てるという面はあるのかなとは思いますけどね。

先ほど言った例だけども、イスラム教のムハンマドだって、メッカから邪教《じゃきょう》と見なされて、さんざんに迫害《はくがい》されてたのが、メジナからメッカを奪還《だっかん》しに行って、国を統一したんでしょう?

だから、結果を見ないと分からないところがあるし、イエスだって、「十字架《じゅうじか》に架かった」というところだけで見れば、「この世的には失敗した」と見えるけど、その後、復活を通して、信仰《しんこう》が世界中に広がっていったところを見れば、やっぱり、宗教的には成功したんだろう。

「この世的成功、失敗」と「宗教的成功、失敗」が同じ場合も、別の場合も出てくるので、あなたがたの「霊言シリーズ」でやってることは、「この世的に成功」と出るのか、「この世的には失敗するけど、宗教的に成功」になるのかを、観察者として見てる面はありますよ。

## 「霊言《れいげん》」を実体験して、確信を深めた井上氏守護霊

井上順孝守護霊　でも、霊言《れいげん》などをこれだけ出し続けたり、平気でやるっていうことは、やっぱり、本当……。(自分を指差して)ああ!　私……、霊言してるもんね。

里村　ええ。そうでございます。

井上順孝守護霊　ああ、そうだ、霊言してるなあ。本当だ！　確認できた！

里村　ええ。

井上順孝守護霊　自分で確認できました！　本当にしてますねえ……。

里村　ええ。

井上順孝守護霊　そうです。してます！

里村　はい。

井上順孝守護霊　はあ！　本当だ！　できるんだあ！

里村　直接体験ですね（笑）。

井上順孝守護霊　日本宗教学会の会長（守護霊）が、今、霊言体験をしています。これは、ジェットコースターの体験みたいなものです。「はあー！　これは、本当に怖《こわ》いんだあ！」みたいな感じの（笑）、そういう体験です。

里村　（笑）はい。

井上順孝守護霊　ああ、本当だねえ……。やるんだねえ。

里村　ええ。あるんです（笑）。本当にやっています。

井上順孝守護霊　（驚《おどろ》いて）本当にやってるんじゃん。本当にやってるじゃん！　ねえ！

里村　はい。

井上順孝守護霊　やってるじゃない！（前を指差して）ここに本人を座《すわ》らせたいぐらいですねえ。

里村　（笑）

井上順孝守護霊　ああ……、本当にやってるじゃん。

里村　ええ。

井上順孝守護霊　やってるじゃない！　やってるじゃない!!

里村　そうですね。そういうことです（笑）。

井上順孝守護霊　じゃあ、やってるんだよ。実際に、やってるんだ。

里村　はい。

井上順孝守護霊　だから、「本当にある」っていうことですね。

里村　ええ。

井上順孝守護霊　「ある」っていうことです。

里村　「ある」ということですね。

小林　「それが結論だ」と。

井上順孝守護霊　宗教学者に挑戦《ちょうせん》してきたのは、大したもんだねえ。偉《えら》いです。これは、大したもんですよ。

「悪魔《あくま》が来て、井上順孝のまねをする」っていうこともあるかもしれませんけど、まあ、私は、そこまで悪い人間ではありませんからねえ。

里村　はい。

井上順孝守護霊　やっぱり、現象としてあるんだ。

## 「宇宙人リーディングは控《ひか》えたほうが宗教としては安全」

井上順孝守護霊　まあ、宇宙人のところはねえ、それは難しいよ。日本では前例がないし、外国のものも、まあ、宇宙人は宇宙人で、〝宇宙人学科〟は別なので。〝○○と学会〟みたいなのが、たくさんあるからさあ。それは別の学会で、必ずしも宗教とは同じじゃないし、宗教と宇宙人が〝合体〟した場合、変なところが、幾《いく》つかあることはあるので、まだ、学問的には用心しなければいけない部分があるんでねえ。

本当は、君たちの意見をもう少し聞きたいぐらいだけど、まあ、ラエリアン・ムーブメントみたいなところとか、「神様は、みんな、宇宙の星に帰っている」というようなことを言ったり、宇宙人信仰をしたりしているところもあるし、いろいろなところがある。まあ、宗教のかたちは、いろいろありえると思うけども、要するに、ここのところについての基準は、本当にないのでねえ。

だから、NASA《ナサ》がねえ、もう宇宙人でも捕《つか》まえて、ちょっとテレビに出演させてってところまでやってくれれば、それを宗教のほうでやる必要はないっていうか、証明をやる必要はないんだけど、宗教のほうだけで言うと、ただでさえ疑う人が多いのに、さらに輪をかけて打ち込《こ》む隙《すき》をつくるようなところもあるので。

まあ、私なんかは凡人だから、凡人としては、何て言うか、「霊言集だけでも、ある程度、十分な成功を収めつつあるんだったら、ちょっとここの成功を守って、宇宙人のところなんかは、あんまり積極的にやりすぎないほうが、宗教としては安全なんじゃないか」と思う。やっぱり、「また弾圧《だんあつ》みたいなのが来たら嫌《いや》だなあ」と思うところがあるんで。まあ、これは凡人だから思うんだけど。

うーん……、まあ、「真理をもっと知りたい」っていう人には、そら、教えてほしいことはいっぱいあるだろうねえ。

## 3　文部科学省には国家社会主義的なところがある

### 幸福の科学大学設立によって政府の管轄《かんかつ》下に入るなら「困る」

小林　今のお話を少し集約してみますと、「宗教というのは、キリスト教やイスラム教のような大を成したものを含《ふく》めて、やはり最初は、いろいろな出方をしてくるので、最初の段階から、『ああだ、こうだ』というように決めつけて排除《はいじょ》したり、枠《わく》にはめたりするなどというような態度は、基本的には取るべきではない」というのが、宗教学の立場なのだというように理解をしたのですが。

井上順孝守護霊　そう、そう、そう、そう。だから、まあ、今は大学申請《しんせい》してやってるし、それが通ったら、何て言うか、一つの名誉《めいよ》だし、快挙でしょうけども、逆に、「今、現在進行形でやってる宗教が、早いうちに学問化することで、手足を縛《しば》られたりしなければいいな」という心配も、私は持っているので。

文科省あたりに監督《かんとく》されて、自由に言えないようになるとか、例えば、補助金なんかをもらうための条件として、「宇宙人については口を出さないこと」とか言われたりさ、「霊言集《れいげんしゅう》は出版物の五パーセント以内にすること」とか言われたりさあ、例えばよ。そういう条件とかを付けられるんだったら、やっぱり、私は、どっちかといえば反対だな。

そういうのをもって、「霊言集については出すなとは言わない。『言論の自由』『信教の自由』で認めるけども、まだ信憑性《しんぴょう》が確実ではないので、補助金を出す条件として、出版物の五パーセント以内に限る」「宇宙人については、今後十年間はしゃべらないこと」とかさあ、もし、そんなのをかけられてくるんだったら、これは、もうしないほうがいいと思う。

このへんで変にへりくだって、そんな条件を付けられたり、縛られたりするんだったら、そんなところは、むしろ相手にしないほうがいいと思うし、もう後世の人に任せたらいいと思うのでね。

だから、幸福の科学大学ができて、それで幸福の科学が認められて、伝道とかに有利になって、世の中を啓蒙《けいもう》するのに役に立つんだったら、それは、応援《おうえん》したいし賛成したいと思う。

だけど、もし、それが政府の管轄《かんかつ》下に入って不自由になったりね。もし、政権が替《か》わって、民主党政権なり、まあ、共産党政権っていうのはないとは思うけど、あるいは、連立とかいうので入ってくることだってないとは言えませんからねえ。そういうところは、「いや、唯物論《ゆいぶつろん》こそ真理です。宗教なんておかしい。霊言はおかしい」とかいう言論弾圧《だんあつ》をよくやりますから。中国だってやってますからねえ。ちゃんとやってますので、もし、政治とかかわりを持つことで、そういう言論弾圧を受けるようになるんだったら、「ちょっと困るな」っていうところがあります。

そういう逆のふうに……、私、前の二人に比べたら気が弱いんだろうけど。

里村　いえいえ。

井上順孝守護霊　そういうふうな、あなたがたの、何て言うかなあ、うーん……、「学問の自由」「信教の自由」「言論の自由」を守るためにも、「あんまり拘束《こうそく》はかけられたくはないいな」っていう気持ちを持ってます。

老婆心《ろうばしん》ながら「自らを縛《しば》るようなことはしないでほしい」

里村　今おっしゃったことを逆の言い方で言いますと、「幸福の科学の持っている教義、教えの部分と、もう一つは、運動の部分としてのダイナミズムを大事にしてほしい」ということでしょうか。

井上順孝守護霊　そう、そう、そう。宇宙人のところだって、私も、宗教学会会長として、公式には、「宇宙人霊言は面白《おもしろ》いですね」って言えないですから。私は天文学会会長じゃないし、何も証拠《しょうこ》がないので、宗教のほうでは言えないですけども。

ただ、「研究してくれて、ときどき発表してくれて、いろんなものが分かってきて、みんなが認めてくるようなことが、将来起きるかもしれない」っていうこと自体は、そういう現象自体は容認している。そういうことはあるかもしれないとは思ってるので。

だから、そういう〝戦い〟ができなくなるように、自分で手足を縛《しば》ってボクシングをするみたいな感じになったり、手を後ろに縛ってボクシングをするなんていう感じになったりするんだったら、ちょっと嫌《いや》だなあと思う。

まあ、ちょっと老婆心《ろうばしん》だけど、そこだけ、逆に気をつけてほしい。

## 文科省とのやり取りから見えてきた「日本の国家社会主義的な面」

井上順孝守護霊　今だったら、大学設置分科会の委員なるものが、十何人か、十五人か、なんか知らんがいて、そういう人たちとか、文科省の役人とかの人生観で、宗教に、ちょっとフィルターをかけられようとしてるんでしょう?

里村　うーん。

井上順孝守護霊　これは屈辱《くつじょく》で、まあ、「カノッサの屈辱」でなければ、「韓信《かんしん》の股《また》くぐり」みたいなもんでしょうから。

これは、本来、「国家社会主義的な面」が日本にもあることを示してるところだと思いますけどね。

形式審査《しんさ》でなければならないところを、実質審査に入ろうとしてるでしょ？　やっぱり、金を出すとなったら、そういうことを必ず言ってくるでしょ？

小林　そうですね。

井上順孝守護霊　それは、政党と同じことで、やっぱり、「『政治の自由』も、いわゆる『信教の自由』も、本当は国の管理下にあることを示したい」というところだよね。やっぱり、これに関しては、「本当の民主主義国家かどうか」を疑うべきところがあるわね。

小林　大いに疑っていらっしゃるんですね。

井上順孝守護霊　だから、やっぱり、私は、文科省には、そういう社会主義的なところがあると思うよ。

この前も、誰《だれ》かさんがねえ、学力テストの成績を公表した知事さんに対して、「けしからん。ルール違反《いはん》だ」みたいなことを言ってたようだけど、「学力テストだけやられて、評価は分からない」という学校や、あるいは、子供たちや家庭のことを考えてみたら、やっぱり、「モルモットにされてるだけ」っていうことではたまらないんで、「君たち、頑張《がんば》ったね」みたいな感じのは知りたいよねえ。

小林　はい。

井上順孝守護霊　そのへんは、普通《ふつう》の模試だったら、みんな（順位を）書いてるもんねえ。予備校なり、ほかの外部のやつ……。

小林　ええ。極《きわ》めてノーマルなことです。

井上順孝守護霊　うん、だから、そういう、「サンプルとしてテストを受けさせられて、調べられる」みたいなのは問題があるからね。やっぱり、国家社会主義の立場も堅持《けんじ》してると思う。

「一つのところで全部を握《にぎ》れる」っていうのは、けっこう怖《こわ》いところがあると思うので、これについては、安倍《あべ》さんの宗教改革ないし、宗教的な信条を高めるっていうような考え方が本当に浸透《しんとう》してるのかどうか、私としては疑問なところはあるわねえ。

## 4　基本的に「宗教は善《よ》いものだ」という考え方を浸透《しんとう》させたい

### 「現状勢力」は新しい宗教を迫害《はくがい》したくなるもの

小林　そこについては、本当に、一つの警鐘《けいしょう》として、「法律の本来の目的から逸脱《いつだつ》することが、くれぐれもないように」というところを、しっかり言わなければいけないと思います。

井上順孝守護霊　もし、幸福の科学のところが大きなトラブルになって、うち（國學院大學）もそうだけども、宗教系の大学等への風当たりがきつくなって、締《し》め上げられるっていうの？「いちばん真っ先に、そこから予算を削《けず》り始める」みたいなことが、あまりにもあるんだったら、ちょっと困るし、もし、「理工系だけに金を出して、役に立たない宗教系なんか、もう切っちゃえ」みたいな感じになるんだったら、ちょっと困るので……。

小林　ええ。そういったあたりについても、まさに、幸福の科学大学の人間幸福学部が目指しているあたりが具体的に目に見えてくると、理工系のほうへグッと偏《かたよ》っていこうとしたことが、あとになって「しまった」と分かるのだろうと思います。

しかし、そこが分からなくて、「実学」とか「役に立つ」とかいう言葉の意味を、すごく狭《せま》く理解して、そういうことを言っているんだろうと思うのです。

井上順孝守護霊　そらあ、「宗教を学んだら金が儲《もう》かるようになる」ってなったら、実学だって言えるかもしれないけど（笑）、まだ、「そういう面がある」というふうに言えるかどうかは知らん。

まあ、基本的にですね、今まで、宗教改革なり、新しい宗教とか言われるところには、「現状勢力」っていうか、現にあるものが反対することは多かったので。イエスが出たときの、ユダヤ教のラビたちが、全員悪人だったとも思わないけどね。全部が悪魔《あくま》の手下だったとは思わないけどとも。

里村　はい。

井上順孝守護霊　やっぱり、新しいものが出てくることは脅威《きょうい》だしね。できたら排除《はいじょ》したい。自分たちと違《ちが》うことを言ったり、直接、神様の声が聞けたりするなんていうのが出てきたら……。まあ、モーセが聞けるのはいいけども、昔の人だからね。千年も前の人だから別に構わないけど、現在ただいま、俺《おれ》たちがラビとして宗教家で〝商売〟をやってるのに、そこに、何か〝無資格〟の人が出てきて、「神様の声が聞こえる」って言って〝商売〟をやられたら、「これはたまらない」っていうことで迫害《はくがい》したくなるっていう気持ちは分かる。気持ち的には分かります。

## 「宗教家が説く教えが国民を潤《うるお》していく」ことが正しいあり方

井上順孝守護霊　うーん、だからね、今、医師法か何かでは、「病気は医者しか治せない」みたいなことになってるけど、「宗教では病気が治らない」っていうのも、そらあ、おかしな話で、どこも治るのが普通《ふつう》ですから。医師法では西洋医学的な考え方でやっているだけで、「宗教で病気が治る」っていうことはありますよね。

だけど、これは、ガチンコしたら、きっと、ああいう難しい問題が起きるだろうねえ。

そういうことがあるから、文部科学省として学問を一つに束ねている。やっぱり、「医学とぶつかる」とか「天文学とぶつかる」とか「動物学とぶつかる」とか「考古学とぶつかる」とか、いろんなことを言い始められたら、ちょっと収拾《しゅうしゅう》がつかないことになるとは思うんだよね。

里村　ええ。

井上順孝守護霊　まあ、でも、ある程度、寛容《かんよう》でなきゃいけないんじゃないかなあ。

小林　そうですね。

井上順孝守護霊　私は、宗教学会会長として、やっぱり、宗教に対しては寛容の姿勢を望みたい。まあ、オウムみたいなのが行きすぎた点、われわれの監視《かんし》が十分じゃなかった点は、反省しなきゃいけないけども、やっぱり、基本的には、「宗教っていうのは善《よ》いものだ」と思って、「人間精神の正常な発育にとって大事なものだ」という考え方が浸透《しんとう》することは、非常にいいことだと思う。

里村　はい。

井上順孝守護霊　だから、政治家がつくった道徳みたいなものを押《お》し付けるんじゃなくて、本当は、宗教家が説いてる教えが国民を潤《うるお》していくこと自体が、基本的には正しいことなんじゃないかなあと思う。

「神はすべての人間の上に立たなければならない」

井上順孝守護霊　そのためにも、「現状ある勢力とも戦う」というのは、避《さ》けては通れない道ではあるので、あなたがたも、それに関しては頑張《がんば》らなきゃいけないとは思うけど、まあ、もし万一《まんいつ》、厳しい結果が来たとしても、逆に〝あれ〟かもしれないよ。今まで隠《かく》れてて言わなかった人たちが応援《おうえん》し始めて、応援勢力が出てくるかもしれない。そういうことを追及《ついきゅう》するマスコミや学会等で、実際は応援勢力だったけど黙《だま》ってた人たちが、「これはおかしいんじゃないか」と言う可能性はあると思う。「日本は中国とは違うはずだ」と。

小林　ええ。そうですね。

井上順孝守護霊　「これでは、俺らも中国と一緒《いっしょ》じゃないですか」「まさしく、幸福の科学が言ってるとおり、中国化してるじゃないですか。現政権自体が中国化しているんじゃ、どうやって中国を批判するんですか」って言えるわねえ。

小林　そうですね。そういう潜在的《せんざい》世論《よろん》が存在することが、先生のほうからご覧になられても、よく見えるという……。

井上順孝守護霊　うーん。そう、そう、そう、そう。

里村　なるほど。

井上順孝守護霊　まあ、成功することを祈《いの》りたいけど、ただ、「手足を縛《しば》られないようにはしてもらいたいなあとは思う」っていうことかね。

それに最終的には、宗教家は、そんな凡百《ぼんぴゃく》の学者なんか相手にしちゃあいけないところがあるんじゃない？

だから、気にしないで、やっぱり、言いたいことを言ったらいいよ。神様っていうのは、すべての人間の上に立たなきゃいけないんだからさ。

里村　はい。

井上順孝守護霊　まあ、そのへんは、やってくれ。

**日本神道《しんとう》を復活させ「日本人の精神」を取り戻《もど》したい**

井上順孝守護霊　それと、「日本神道《しんとう》の高等宗教化の促進《そくしん》」。それは賛成（手を叩《たた》く）。もっと頑張って、できたら、やってください。

里村　はい。

小林　これについては、大学ができますと、本当に急速に進むと思います。

井上順孝守護霊　戦後七十年の見直しはいろいろあるし、宗教学者として、それができないところはいっぱいあるけど、「日本神道が悪かった」っていうの？　それを軽《けい》蔑《べつ》して、（日本神道を）アニミズムにして、〝酋《しゅうちょう》長の宗教〟にしてしまわれたところ、〝原始人の宗教〟にされたところに対しては、やっぱり悔《くや》しい。これは、とっても悔しいので、ここのところだけは、何とか回復して、「日本人の精神」を取り戻《もど》したいとは思っているので。

そうしないと、國學院《こくがくいん》なんて要《い》らない大学になりますので、ここだけは、ここだけは、強力に推《お》しておきたいと思う（笑）。

小林　ええ。ぜひ、ご支援いただければ。

井上順孝守護霊　ごめんなさいね、認識力が狭くて。すいません。

里村　とんでもないことです。今日は、短い時間でしたが、貴重なご意見を頂きまして、ありがとうございました。努力してまいります。

井上順孝守護霊　ああ、はい、頑張ってください。

里村　はい。ありがとうございました。

小林　ありがとうございます。

# 5　三人の宗教学者の守護霊霊言《れいげん》を終えて

## 信用を積み重ね、前進していきたい

大川隆法　三人三様《さんにんさんよう》でしたが、宗教学者としては、みな、「宗教が、ある程度この世で認められたり、尊敬される宗教ができたりすること自体はウェルカムなのではないか」というような感じでした。

里村　はい。

大川隆法　審議会《しんぎかい》のメンバーがどのような学者かは、よく知りませんが、そこには、経営学や工学をしている人や、いろいろな人まで入っているのでしょうから、唯物論《ゆいぶつろん》者もいることでしょうし、ほかの宗教信条を持っている人もいることでしょう。

ただ、今回の霊言《れいげん》が、「宗教学者から見たら、このように見えている」という意味で参考になったり、あるいは、ジャーナリズムにとっても参考になったりすればよいと思います。

里村　はい。

大川隆法　今日は出ませんでしたが、「アイリス・チャンの霊言」（『天に誓《ちか》って「南《ナン》京《キン》大虐殺《だいぎゃくさつ》」はあったのか』〔幸福の科学出版刊〕）のようなものが、はっきり言えば、ジャーナリズムをそうとう大きく動かしました。あれで、かなり決定打になったようなところはありますし、朝日だって、ある意味、あれで結論を認めたようなところはあったので、信用は、ある程度ついてきているのだと思います（注。朝日新聞は二〇一四年八月五、六日付朝刊で「慰安婦問題を考える」特集を組み、そのなかで一部誤報を認めた）。

やはり、「嘘《うそ》は言わない」というところが信用につながっているのだと思うので、いろいろな老婆心《ろうばしん》もあるでしょうが、前進する方向で行けばよいですね。

里村　はい。ありがとうございました。

大川隆法　はい（手を一回叩《たた》く）、ありがとうございました。

## あとがき

島薗先生からは、以前お会いした時、いくつかの新宗教の正邪について私の意見を訊《き》かれたことがあり、率直にお答えしたが、ほぼ意見は一致した。その中には、創価学会、阿含宗、オウム真理教、統一教会なども入っていた。当時まだ東大の助教授だったが、新宗教に対して価値判断している宗教学者がいることを頼もしく思った。

山折先生は、某大手紙が幸福の科学について調査した際に、宗教のデパートだとか、独自性がない、とかいう宗教評論家の意見を退けて、「このままでいいからアメーバー状に教えを広げていきなさい。いずれ山に隠れたくなるのが宗教の本質だが、大都会にとどまって戦いなさい。」とアドバイスされていたのが心に残った。

井上先生は、今、活躍中の幸福実現党女性党首、釈量子さんの母校の看板的存在だが、今回の霊言では、当会が、日本神道が高等宗教であると主張していることに共感して下さった。まことに有難いことである。

三氏に感謝すると同時に、日本の教育行政の未来が明るいことを祈るばかりである。

二〇一四年　九月六日

幸福《こうふく》の科学《かがく》グループ創始者兼総裁《そうししゃけんそうさい》

幸福《こうふく》の科学大学創立者《かがくだいがくそうりつしゃ》　大川隆法《おおかわりゅうほう》

『宗教学者から観た「幸福の科学」』 大川隆法著作関連書籍

『守護霊インタビュー 皇太子殿下に次期天皇の自覚を問う』(幸福の科学出版刊)
『天に誓って「南京大虐殺」はあったのか』(同右)
『「幸福の科学教学」を学問的に分析する』(同右)
『宗教学から観た「幸福の科学」学・入門』(同右)
『仏教学から観た「幸福の科学」分析』(同右)

宗教学者《しゅうきょうがくしゃ》から観《み》た「幸福《こうふく》の科学《かがく》」

――「聖なるもの」の価値の復権――

2014年9月9日　初版第1刷

著　者　　大《おお》　川《かわ》　隆《りゅう》　法《ほう》

発行所　　幸福の科学出版株式会社

〒107-0052 東京都港区赤坂2丁目10番14号
TEL(03)5573-7700
http://www.irhpress.co.jp/

印刷・製本　株式会社 東京研文社

落丁・乱丁本はおとりかえいたします

ISBN978-4-86395-551-6 C0014

## 大川隆法シリーズ・最新刊

# 外国語学習限界突破法

日本人が英語でつまずくポイントを多角的に分析。文法からリスニング、スピーキングまで着実にレベルをアップさせる秘訣などをアドバイス。

1,500円

# 「幸福の科学教学」を学問的に分析する

今、時代が要請する「新しい世界宗教」のかたちとは？ 1600冊を超えてさらに増え続ける「現在進行形」の教えの全体像を、開祖自らが説き明かす。

1,500円

# 国際伝道を志す者たちへの外国語学習のヒント

国際伝道に求められる英語力、教養レベルとは？ 230冊の英語テキストを発刊し、全世界100カ国以上に信者を持つ著者が語る「国際伝道師の条件」。

1,500円

## 大川隆法霊言シリーズ・宗教の違いを考える

# 悲劇としての宗教学

### 日本人の宗教不信の源流を探る

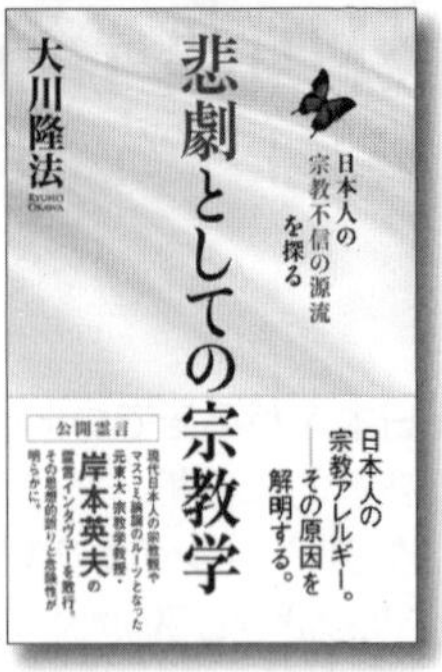


死後約50年を経ても、自身の死に気づかずに苦しむ宗教学者・岸本英夫氏。日本人の宗教に対する偏見の源流はどこにあるのかが明かされる。

1,400円

# 宗教決断の時代

### 目からウロコの宗教選び①

統一協会教祖・文鮮明（守護霊）、創価学会初代会長・牧口常三郎の霊言により、各教団の霊的真相などが明らかになる。

1,500円

# 宗教イノベーションの時代

### 目からウロコの宗教選び②

日本の新宗教のイメージをつくってきた立正佼成会創立者・庭野日敬、真如苑教祖・伊藤真乗、創価学会名誉会長・池田大作守護霊がその本心を語る。

1,700円

※表示価格は本体価格（税別）です。

## 大川隆法ベストセラーズ・幸福の科学大学シリーズ

# 宗教学から観た「幸福の科学」学・入門

### 立宗 27 年目の未来型宗教を分析する

幸福の科学とは、どんな宗教なのか。教義や活動の特徴とは？ 他の宗教との違いとは？ 総裁自らが、宗教学の見地から「幸福の科学」を分析する。

1,500 円

---

# 仏教学から観た「幸福の科学」分析

### 東大名誉教授・中村元と仏教学者・渡辺照宏のパースペクティブ（視角）から

仏教は「無霊魂説」ではない！ 仏教学の権威 中村元氏の死後 14 年目の衝撃の真実と、渡辺照宏氏の天上界からのメッセージを収録。

1,500 円

---

# 幸福の科学の基本教義とは何か

### 真理と信仰をめぐる幸福論

進化し続ける幸福の科学──本当の幸福とは何か。永遠の真理とは？ 信仰とは何なのか？ 総裁自らが説き明かす未来型宗教を知るためのヒント。

1,500 円

---

# 比較宗教学から観た「幸福の科学」学・入門

### 性のタブーと結婚・出家制度

同性婚、代理出産、クローンなど、人類の新しい課題への答えとは？ 未来志向の「正しさ」を求めて、比較宗教学の視点から、仏陀の真意を検証する。

1,500 円

---

幸福の科学出版

## 大川隆法ベストセラーズ・大川隆法の魅力を探る

# 大川総裁の読書力

**知的自己実現メソッド**

区立図書館レベルの蔵書、時速2000ページを超える読書スピード——。1300冊を超える著作を生み出した驚異の知的生活とは。

1,400円

# 大川隆法の守護霊霊言

**ユートピア実現への挑戦**

あの世の存在証明による霊性革命、正論と神仏の正義による政治革命。幸福の科学グループ創始者兼総裁の本心が、ついに明かされる。

1,400円

# 政治革命家・大川隆法

**幸福実現党の父**

未来が見える。嘘をつかない。タブーに挑戦する——。政治の問題を鋭く指摘し、具体的な打開策を唱える幸福実現党の魅力が分かる万人必読の書。

1,400円

# 素顔の大川隆法

素朴な疑問からドキッとするテーマまで、女性編集長３人の質問に気さくに答えた、101分公開ロングインタビュー。大注目の宗教家が、その本音を明かす。

1,300円

幸福の科学出版

## 大川隆法ベストセラーズ・忍耐の時代を切り拓く

# 忍耐の法

### 「常識」を逆転させるために

人生のあらゆる苦難を乗り越え、夢や志を実現させる方法が、この一冊に──。混迷の現代を生きるすべての人に贈る待望の「法シリーズ」第20作！

2,000円

# 「正しき心の探究」の大切さ

靖国参拝批判、中・韓・米の歴史認識……。「真実の歴史観」と「神の正義」とは何かを示し、日本に立ちはだかる問題を解決する、2014年新春提言。

1,500円

# 自由の革命

### 日本の国家戦略と世界情勢のゆくえ

「集団的自衛権」は是か非か！？ 混迷する国際社会と予断を許さないアジア情勢。今、日本がとるべき国家戦略を緊急提言！

1,500円

幸福の科学出版

# 幸福の科学グループのご案内

**宗教、教育、政治、出版などの活動を通じて、地球的ユートピアの実現を目指しています。**

## 宗教法人　幸福の科学

一九八六年に立宗。一九九一年に宗教法人格を取得。信仰の対象は、地球系霊団の最高大霊、主エル・カンターレ。世界百カ国以上の国々に信者を持ち、全人類救済という尊い使命のもと、信者は、「愛」と「悟り」と「ユートピア建設」の教えの実践、伝道に励んでいます。

（二〇一四年九月現在）

## 愛

幸福の科学の「愛」とは、与える愛です。これは、仏教の慈悲《じひ》や布施《ふせ》の精神と同じことです。信者は、仏法真理をお伝えすることを通して、多くの方に幸福な人生を送っていただくための活動に励んでいます。

## 悟り

「悟り」とは、自らが仏の子であることを知るということです。教学《きょうがく》や精神統一によって心を磨き、智慧《ちえ》を得て悩みを解決すると共に、天使・菩薩《ぼさつ》の境地を目指し、より多くの人を救える力を身につけていきます。

## ユートピア建設

私たち人間は、地上に理想世界を建設するという尊い使命を持って生まれてきています。社会の悪を押しとどめ、善を推し進めるために、信者はさまざまな活動に積極的に参加しています。

国内外の世界で貧困や災害、心の病で苦しんでいる人々に対しては、現地メンバーや支援団体と連携して、物心両面にわたり、あらゆる手段で手を差し伸べています。

年間約３万人の自殺者を減らすため、全国各地で街頭キャンペーンを展開しています。

公式サイト **www.withyou-hs.net**

ヘレン・ケラーを理想として活動する、ハンディキャップを持つ方とボランティアの会です。視聴覚障害者、肢体不自由な方々に仏法真理を学んでいただくための、さまざまなサポートをしています。

公式サイト **www.helen-hs.net**

INFORMATION

お近くの精舎・支部・拠点など、お問い合わせは、こちらまで！

**幸福の科学サービスセンター**

**TEL. 03-5793-1727**（受付時間 火〜金：10〜20時／土・日：10〜18時）

**宗教法人 幸福の科学 公式サイト happy-science.jp**

## 教育

# 学校法人 幸福の科学学園

学校法人 幸福の科学学園は、幸福の科学の教育理念のもとにつくられた教育機関です。人間にとって最も大切な宗教教育の導入を通じて精神性を高めながら、ユートピア建設に貢献する人材輩出を目指しています。

**幸福の科学学園**

**中学校・高等学校(那須本校)**
2010年4月開校・栃木県那須郡(男女共学・全寮制)
TEL **0287-75-7777**
公式サイト **happy-science.ac.jp**

**関西中学校・高等学校(関西校)**
2013年4月開校・滋賀県大津市(男女共学・寮及び通学)
TEL **077-573-7774**
公式サイト **kansai.happy-science.ac.jp**

幸福の科学大学(仮称・設置認可申請中)
2015年開学予定
TEL **03-6277-7248**(幸福の科学 大学準備室)
公式サイト **university.happy-science.jp**

**仏法真理塾「サクセスNo.1」** TEL **03-5750-0747**(東京本校)
小・中・高校生が、信仰教育を基礎にしながら、「勉強も『心の修行』」と考えて学んでいます。

**不登校児支援スクール「ネバー・マインド」** TEL **03-5750-1741**
心の面からのアプローチを重視して、不登校の子供たちを支援しています。
また、障害児支援の「**ユー・アー・エンゼル!**」運動も行っています。

**エンゼルプランV** TEL **03-5750-0757**
幼少時からの心の教育を大切にして、信仰をベースにした幼児教育を行っています。

**シニア・プラン21** TEL **03-6384-0778**
希望に満ちた生涯現役人生のために、年齢を問わず、多くの方が学んでいます。

NPO 活動支援

学校からのいじめ追放を目指し、さまざまな社会提言をしています。また、各地でのシンポジウムや学校への啓発ポスター掲示等に取り組む一般財団法人「いじめから子供を守ろうネットワーク」を支援しています。

公式サイト **mamoro.org**
相談窓口 **TEL.03-5719-2170**
ブログ **blog.mamoro.org**

政治

## 幸福実現党

内憂外患《ないゆうがいかん》の国難に立ち向かうべく、二〇〇九年五月に幸福実現党を立党しました。創立者である大川隆法党総裁の精神的指導のもと、宗教だけでは解決できない問題に取り組み、幸福を具体化するための力になっています。

党員の機関紙
「幸福実現NEWS」

TEL 03-6441-0754
公式サイト hr-party.jp

出版
メディア
事業

## 幸福の科学出版

大川隆法総裁の仏法真理の書を中心に、ビジネス、自己啓発、小説など、さまざまなジャンルの書籍・雑誌を出版しています。他にも、映画事業、文学・学術発展のための振興事業、テレビ・ラジオ番組の提供など、幸福の科学文化を広げる事業を行っています。

アー・ユー・ハッピー？
**are-you-happy.com**

ザ・リバティ
**the-liberty.com**

幸福の科学出版
TEL 03-5573-7700
公式サイト irhpress.co.jp

THE FACT
**ザ・ファクト**
マスコミが報道しない
「事実」を世界に伝える
ネット・オピニオン番組

Youtubeにて
随時好評配信中！

ザ・ファクト　検索